GÉOGRAPHIE

DU

CAMBODGE

PAR

E. AYMONIER

LIEUTENANT D'INFANTERIE DE MARINE, ADMINISTRATEUR DE 1re CLASSE
DES AFFAIRES INDIGÈNES EN COCHINCHINE.

PARIS
ERNEST LEROUX, ÉDITEUR
LIBRAIRE DE LA SOCIÉTÉ ASIATIQUE DE PARIS, DE L'ÉCOLE DES LANGUES ORIENTALES
VIVANTES, ET DES SOCIÉTÉS DE CALCUTTA, DE NEW-HAVEN
(ÉTATS-UNIS), DE SHANGHAI (CHINE)
28, RUE BONAPARTE, 28

1876

GÉOGRAPHIE

DU

CAMBODGE

GÉOGRAPHIE

DU

CAMBODGE

PAR

E. AYMONIER

LIEUTENANT D'INFANTERIE DE MARINE, ADMINISTRATEUR DE 1re CLASSE
DES AFFAIRES INDIGÈNES EN COCHINCHINE.

PARIS
ERNEST LEROUX, ÉDITEUR
LIBRAIRE DE LA SOCIÉTÉ ASIATIQUE DE PARIS, DE L'ÉCOLE DES LANGUES ORIENTALES
VIVANTES, ET DES SOCIÉTÉS DE CALCUTTA, DE NEW-HAVEN
(ÉTATS-UNIS), DE SHANGHAI (CHINE)
28, RUE BONAPARTE, 28

1876

AVERTISSEMENT

Aucun travail d'ensemble sur la géographie du Cambodge n'ayant été fait jusqu'à ce jour, nous croyons devoir livrer à la publicité, toutes imparfaites et incomplètes qu'elles soient, les notions géographiques qui suivent, extraites du cours de Cambodgien professé au Collège des administrateurs stagiaires à Saigon en 1874 et 1875. Complétant notre *Notice sur le Cambodge* elles forment avec ce dernier ouvrage, en quelque sorte, le résumé de nos études sur l'état de ce pays, pendant les dix mois que nous y avons résidé en qualité d'adjoint au représentant du protectorat français. Toutefois, nous nous plaisons à reconnaître que quelques-uns des renseignements géographiques du présent ouvrage, sont dus à l'obligeance de M. Moura, notre ancien chef, le représentant actuel de la France à Phnôm Pênh.

A notre cours de géographie, nous ajoutons ici quelques extraits d'auteurs qui ont décrit le Cambodge et particulièrement de Mouhot, ce consciencieux et véridique explorateur dont les originales appréciations reflètent souvent les conversations instructives des Pères missionnaires; de Garnier, dont l'intéressante relation, tout en excitant notre admiration, nous fait mieux mesurer la grandeur de la perte subie par la mort prématurée de l'inspirateur, du chef de l'exploration du Mékong, de de Lagrée.

Depuis, le Cambodge a été visité par plusieurs explorateurs, mais leurs publications n'ont pas encore paru. Lors de notre séjour dans le royaume de Khmer, nous avons été chargé de diverses missions qui nous ont permis de visiter quelques parties de l'intérieur du pays; la plus longue fut une mission de délimitation de frontière entre le Cambodge et la Cochinchine française pendant les cinq premiers mois de 1874. Nous avons consigné ici les résultats de nos observations qui rentrent dans le cadre de cet ouvrage ; les autres seront publiés dans le compte rendu des travaux du Congrès des Orientalistes de Saint-Etienne ou dans les volumes de *Variétés Cambodgiennes*, que nous ferons paraître incessamment.

GÉOGRAPHIE

DU

CAMBODGE

CHAPITRE PREMIER.

GÉOGRAPHIE GÉNÉRALE.

Le Cambodge forme avec la Cochinchine française ce que nous pouvons appeler le *bassin inférieur* du Mékong.

Ce fleuve ayant sa source présumée au cœur de l'Asie, sur les hauts plateaux du Thibet, nous appelerons *bassin supérieur* la partie encore inexplorée de son cours, de la source aux frontières septentrionales du Laos. Un simple coup d'œil jeté sur la carte de l'Asie nous indique que cette vallée inconnue ne doit être qu'un long et étroit boyau, vu le grand nombre de chaînes et de cours d'eau qui, du Thibet, courent dans toutes les directions.

Le *bassin moyen*, occupé par la race laotienne, a été exploré par plusieurs voyageurs dans les trois derniers siècles ; en particulier, en 1860, par H. Mouhot, naturaliste français au service de Sociétés savantes anglaises ; et en 1866, par une Commission commandée par le capitaine de frégate E. Doudart de Lagrée.

On peut citer avec fierté les noms de ces deux dignes enfants de la France, morts avant de goûter les joies du retour, et qui, dans des positions différentes, savaient également, par la dignité, l'élévation du caractère, se concilier l'estime et la sympathie des populations indigènes.

Le bassin inférieur du Mékong est une conquête alluvionnaire du fleuve sur la mer. Son unité au point de vue de la géographie physique est frappante. Suivant les races qui l'habitent il se divise en deux parties : le pays annamite et le pays cambodgien ; et en trois parties, selon les divisions politiques :

1° La *Cochinchine française* dont nous ne nous occuperons pas ici, quoique, colonisée et conquise par les Annamites à une époque relativement récente, elle soit habitée par de nombreux Cambodgiens, à Tra Vinh (en langue Khmêr, *Préa Trapeang*, la mare sacrée), à Soc Trang (*Bassak*), à Rach Gia (*Kremoun Sâ*, la cire blanche), à Chaudoc (*Mâht Cherûk*, la gueule de porc), à Tay Ninh (*Roûng Damrèy*, le parc à éléphants).

2° Le *royaume du Cambodge*, autonome, mais placé depuis 1864 sous le protectorat de la France.

3° Siam a enlevé au Cambodge, à la fin du siècle dernier, les deux provinces de *Battambang* et d'*Angkor*. Le Cambodge n'avait jamais ratifié cette spoliation. Avec une légèreté, une ignorance fort regrettables et amèrement regrettées par tous ceux qui, à divers points de vue, s'occupent de notre colonie, la diplomatie française, en 1867, a reconnu les droits de Siam sur Battambang, riche, belle et fertile province, et sur Angkor, province dans laquelle était située l'antique capitale au temps de la fabuleuse splendeur du Cambodge, si intéressante aujourd'hui par ses ruines magnifiques.

Angkor et Battambang sont peuplées de Cambodgiens ainsi que *Choukan*, district situé au nord d'Angkor ; ainsi que d'autres provinces, au nord et au nord-ouest du royaume du Cambodge, qui appartiennent au bassin moyen du Mékong et qui sont également sous la domination de Siam : *Tonlé Repou, Melu Préy, Sourên, Sankéa, Koukan.*

Le nom de Cambodge vient du vieux terme *Kâmpouchéa*, en siamois *Kamphoxa*, dont les Portugais ont fait *Cambodia* et les Français *Cambodge* ou *Camboge* (1). Ce nom de *Kampouchéa* est em-

1. Il serait plus logique d'écrire *Kambodge*, rien ne justifiant l'emploi de

ployé dans les vieux manuscrits, dans les titres royaux écrits en tête des actes officiels. Les indigènes actuels s'appellent *Khmêr,* et donnent au Cambodge les désignations de *Srok Khmêr,* pays *Khmêr,* ou *Nokor Khmêr,* royaume *Khmêr;* leurs ancêtres de la belle époque sont les *Khmêr dom,* les Khmêrs de l'origine. De *Khmêr* ou de *Kâmpouchéa,* quel est le terme le plus ancien? Sans nous prononcer positivement à ce sujet, constatons seulement que, aux yeux des indigènes, Kâmpouchéa est ce que nous pourrions appeler une expression archaïque.

Il est impossible de parler du Cambodge sans considérer d'abord le fleuve qui a véritablement créé ce pays et qui, chaque jour encore, lui donne la richesse et la vie. Les Cambodgiens l'appellent le Grand Fleuve (*Tonlé Thom*). Le nom de *Mékong* est laotien. Les Européens l'appellent quelquefois *le Cambodge* du nom du peuple qui occupait ses bouches lorsque les compatriotes d'Albuquerque, de Vasco de Gama doublèrent le cap de Bonne-Espérance.

Le Mékong sort du Laos où il reçoit des affluents importants et, par une série de chutes et de rapides à l'aspect terrible et grandiose, il se précipite dans son bassin inférieur en suivant à peu près une direction rectiligne du Nord au Sud. Puis, baignant de nombreuses îles qu'il crée ou qu'il ronge de ses eaux jaunâtres et limoneuses, il se dirige au sud-ouest jusque un peu au-dessus de Phnôm Pênh, et prend ensuite au sud-est sa direction définitive vers la mer. A Phnôm Pênh il se divise en deux branches : le *fleuve antérieur* qui, vers Vinh Long et Mytho, centres importants de la Cochinchine française, se subdivise lui-même en cinq branches secondaires; et le *fleuve postérieur,* faible d'abord au Cambodge, mais qui, plus bas, en Cochinchine, roule la masse d'eau la plus considérable (1). De

deux de nos lettres — le C et le K — pour transcrire le même caractére cambodgien, suivant que ce caractère est suivi d'un *a* ou d'un *e*, d'un *o* ou d'un *i*. Ce principe nous a toujours guidé dans la transcription des noms indigènes; et nous ne faisons exception que pour les mots *Cambodge* et *Cambodgien*, universellement connus avec cette dernière orthographe.

1. Le fleuve antérieur est navigable de tout temps pour les navires de trois mètres de tirant d'eau. Le fleuve postérieur, entre Phnôm Pênh et Chaudoc, est moins profond. Pendant les mois de juillet, août, septembre, octobre, novembre et décembre, grâce à l'inondation, les divers fleuves du Cambodge sont navigables sans le moindre danger pour les navires du plus fort tonnage.

Phnôm Pênh part un quatrième fleuve qui remonte au nord-ouest, et relie, après cent vingt kilomètres environ de cours, le Mékong a une mer intérieure que nous appelons le *grand Lac.* La longueur de ce lac est de cent vingt kilomètres sur une largeur moyenne de vingt kilomètres, soit une superficie de deux mille quatre cents kilomètres carrés environ.

La plus grande partie du Cambodge est régulièrement inondée chaque année par suite de la crue des eaux du fleuve. L'opinion est assez répandue que ce phénomène périodique, qui fertilise la contrée sans la dévaster, est principalement dû à la fonte des neiges du Thibet ou du sud-ouest de la Chine. Cette opinion ne nous paraît pas admissible. Si cette fonte de neiges tellement éloignées influe sur l'inondation, ce doit être dans une bien faible mesure. Les pluies torrentielles amenées par la mousson du sud-ouest sont suffisantes pour faire croître le fleuve. Il est facile de remarquer alors, que le moindre torrent grossit considérablement son cours, et produit sa petite inondation. D'autres fleuves de l'Indo-Chine qui ne reçoivent pas une goutte d'eau provenant de la fonte des neiges, le Ménam, par exemple, sont sujets au phénomène de la crue tout aussi bien que le Mékong.

Quoi qu'il en soit, à partir de juin, le niveau du fleuve s'élève, l'eau se répand dans l'intérieur du pays par de nombreuses tranchées naturelles où règne un fort courant. Le fleuve lui-même roule ses eaux avec une violence excessive.

Peu à peu, toute la partie basse du Cambodge, comprise entre les lignes qui indiquent la limite moyenne de l'inondation sur la carte ci-jointe, est plus ou moins couverte d'eau. Les tertres élevés forment des îles rares et réduites selon la force de l'inondation.

Les rives du fleuve, sur une largeur de quelques centaines de mètres, directement exposées à son action alluvionnaire, plus élevées que l'intérieur du pays, sont inondées en dernier lieu.

De mémoire d'homme, l'une des inondations les plus considérables, fut celle de 1866, pendant laquelle on pouvait aller en barque dans la plupart des rues de Phnôm Pênh.

Vers la fin de septembre, par suite de son étendue même, l'inondation perd sa force de croissance. En effet, à cette époque, une crue de un décimètre, par exemple, se répandant sur des milliers de lieues carrées, nécessite une quantité d'eau énorme ; tandis qu'au début du phénomène, l'eau, ne s'élevant guère que dans le lit du fleuve, et dans les parties plus basses du pays, monte rapidement, de un ou deux mètres en quelques jours, par exemple.

L'inondation n'a lieu dans toute sa force qu'au Cambodge. Plus bas, en Cochinchine, elle est affaiblie par ses nombreuses irrigations, par la vaste superficie qu'elle a déjà dû couvrir. En outre, le fleuve est en communication avec l'Océan par plusieurs larges débouchés. Aussi peu à peu, en descendant vers la mer, l'action de la crue se réduit à donner au flux une supériorité considérable sur le reflux. Cependant l'inondation est encore bien marquée dans les parties de la Cochinchine qui avoisinent le Cambodge, telles que la province de Chaudoc et cette vaste plaine noyée que nous appelons la *Plaine des Joncs*.

Vers les premiers jours d'octobre, la crue cesse, et bientôt le niveau de l'eau baisse dans le lit du fleuve. Alors, dans tous les canaux naturels qui le font communiquer avec les parties basses du pays, le courant, subitement renversé, se dirige vers le Mékong, auquel d'octobre à février ils rendent à peu près le volume d'eau qu'ils en ont reçu ; l'évaporation, si considérable qu'elle soit, doit être compensée par la quantité d'eau tombée directement dans les endroits inondés.

Donc d'octobre à février un fort courant amène l'eau de l'intérieur vers le fleuve dont tous les débouchés des mois précédents se changent en affluents.

En février, les eaux sont complétement basses, l'équilibre est à peu près établi, le niveau n'est autre que le niveau de l'Océan. L'action de la marée se fait sentir de plus en plus au loin. A la fin de la saison sèche, en mars, avril, elle est sensible jusqu'au grand Lac d'un côté, jusqu'au pied des rapides, à Kreché, de l'autre.

Parmi les tranchées naturelles qui font communiquer le fleuve avec les parties inondées, les moins importantes, plus élevées que le niveau des basses eaux sont alors à sec et souvent servent de chemins où roule la charrette de l'indigène qui les parcourait sur sa légère pirogue quelques mois auparavant. Et dans celles qui sont plus importantes, plus profondes, où l'eau se maintient toute l'année, règne un double courant quotidien dû à l'influence de la marée, courant semblable à celui des *arroyos* de la Cochinchine, mais plus faible en général que ce dernier.

Des mares, des étangs, des lacs, des marais en grand nombre, et dont quelques-uns très-considérables, subsistent dans les parties les plus basses du pays ; leur niveau n'étant pas plus élevé que celui de la mer. Quelques lacs sont situés sur des plateaux d'une altitude un peu supérieure, mais alors le canal qui les relie au fleuve n'est pas assez profond pour leur permettre de se vider complétement.

Le Cambodge qui, en septembre, ressemblait à une mer immense, couverte d'arbres, parsemée d'îles, devient, en mars, une vaste plaine sablonneuse, semée çà et là de lacs, de flaques d'eau. Les rives du fleuve et ses îles présentent alors une succession de côtes rongées et escarpées du côté où se porte le courant, et en pente douce vers le côté opposé. En le remontant lors de l'étiage, on voit ces rives s'élever progressivement depuis Sadec, en Cochinchine, où elles dépassent à peine le niveau des hautes marées jusqu'aux rapides de Sâmbok où un mur de terre végétale encaisse le fleuve de 14 à 15 mètres. Sur tout ce parcours, cette élévation progressive indique le dénivellement dû à l'inondation qui remplit le lit jusqu'aux bords.

Parmi tous les réservoirs naturels qui régularisent l'inondation du Mékong, il en est un qui contribue sur une échelle gigantesque à produire le résultat que cherchaient les Égyptiens lorsqu'ils creusaient leur lac Mœris. C'est le grand Lac, d'une superficie de 2,400 kilomètres carrés, avons-nous dit. Aussi pour le relier au Mékong a-t-il fallu un fleuve de 120 kilomètres de longueur sur une largeur moyenne de 7 à 800 mètres (1). Ce beau cours d'eau rejoint le grand Fleuve au lieu appelé par les Français les *Quatre Bras*, et par les Khmêrs *Châdo Mûhk*, appellation pâlie qui se traduit en cambodgien vulgaire par *Buon Phlau*, les *Quatre Voies*, les *Quatre Chemins*. *Phnôm Pénh*, la capitale actuelle, est assise sur cette admirable position géographique et commerciale, véritable cœur du royaume, où convergent les quatre fleuves cambodgiens.

Le *bras du lac* se dirige donc de Phnôm Pénh au nord-ouest en formant un grand fleuve dont le courant est soumis aux lois de toutes les tranchées naturelles qui font communiquer le Mékong avec l'in-

1. La profondeur varie de 8 à 20 mètres, selon l'époque de l'année.

térieur du pays, c'est-à-dire, se dirige vers le lac de juin à septembre, et vers le fleuve d'octobre à février. Par cette voie magnifique, l'inondation élève le niveau du lac d'une douzaine de mètres et couvre au loin les plaines basses, plates, marécageuses couvertes d'herbes, de joncs, de palétuviers qui entourent le lac dont elle triple et quadruple la superficie, donnant ainsi en abondance l'espace et la pâture à des quantités inouïes de poissons de toute espèce.

En mars, ce bassin est rentré dans son lit minimum (dont la forme, ainsi que le dit Mouhot, est celle d'un violon) ; sa profondeur est réduite à 1 mètre, 1 mètre 50 centimètres. Par le fait du retrait des eaux les poissons se voient concentrés, accumulés, entassés dans un espace relativement restreint, et de mars à juin a lieu l'industrie si remarquable de la *pêche du grand Lac.*

« L'entrée du grand Lac du Cambodge est belle et grandiose. Elle ressemble à un vaste détroit ; la rive en est basse, couverte d'une épaisse foret à demi submergée, mais couronnée par une vaste chaîne de montagnes dont les dernières cimes bleuâtres se confondent avec l'azur du ciel ou se perdent dans les nuages ; puis quand peu à peu on se trouve entouré, de même qu'en pleine mer, d'un vaste cercle liquide dont la surface, au milieu du jour, brille d'un éclat que l'œil peut à peine supporter, on reste frappé d'étonnement et d'admiration comme en présence de tous les grands spectacles de la nature. » (Mouhot).

« Il me fallut trois grandes journées de navigation pour traverser dans son grand diamètre, la petite méditerranée du Cambodge, vaste réservoir d'eau douce, et on pourrait dire de vie animale, tant les poissous abondent dans son sein, tant les palmipèdes de toute taille et de toute couleur pullulent à sa surface. A l'extrémité nord du Lac, des milliers de pélicans cinglent en troupes serrées dans toutes les directions, tantôt rentrant, tantôt allongeant leur cou pour saisir quelque proie ; des nuées de cormorans fendent l'air à quelques pieds au dessus de l'eau ; la teinte de leur sombre manteau tranche avec la couleur claire des pélicans, parmi lesquels ils se confondent, et surtout avec l'éclatante blancheur des aigrettes qui, groupées sur les branches des arbres de la rive, ressemblent à d'énormes boules de neige. » (Mouhot).

« Quand on pénètre dans le grand Lac par l'une des nombreuses entrées qui communiquent avec le bras de Kâmpong Luong, le regard reste saisi et attristé de l'aspect que présente cette immense nappe d'eau jaunâtre, qui s'étend à perte de vue dans la direction du nord-ouest. Une ligne basse et continue d'arbres rabougris, la limite de tous les autres côtés, sans que nulle part on découvre la rive ou que l'on devine une plage où le pied puisse se poser à sec. L'eau se perd avec un clapotis sourd sous les arceaux de ces forêts noyées et inhabitables, et l'on éprouve une sensation d'isolement, une sorte de réminiscence du désert que la vue de rares barques de pêcheurs, glissant au loin ou stationnant au milieu des arbres, attachées à une branche, suffit à peine à dissiper.

En quelques points des rives, les arbres ont été abattus et l'on aperçoit à leur place avec étonnement des gerbes de riz, régulièrement plantées, élever leur tête au dessus de l'eau, et ce champ mobile suivre les variations du niveau du Lac, jusqu'à ce que la baisse des eaux permette de venir le récolter à pied sec. » (Garnier).

Autour du grand Lac, des bas-fonds, des clairières lui forment une ceinture de lacs dont quelques-uns ont de une à deux lieues de diamètre.

Ce lac et le bras qui le relie au grand fleuve portent en Cambodgien le nom commun de *Tonlé Sap*, bassin (d'eau) douce.

Les bords du fleuve Tonlé Sap ne sont peuplées que dans le voisinage du grand fleuve, vers Phnôm Pênh, Oudong. En approchant du Lac, les rives changent peu à peu d'aspect. Elles s'affaissent, sont basses, marécageuses, noyées « et manquent totalement de population. Il en est de même des rives du grand Lac. Il faut donc remonter les cours d'eau ou les routes pendant la saison sèche, et naviguer à travers les arbres pendant la saison des pluies, pour atteindre les habitations. » « Les parties cultivées de ce bassin sont placées généralement au pied des montagnes, au dessus du niveau des grandes inondations. » (*Revue Maritime*).

En dehors de la vaste plaine sujette au phénomène de l'inondation, le Cambodge présente plusieurs chaînes ou massifs de montagnes et de nombreux pics isolés (1). Vers le quatorzième degré de

1. Les Cambodgiens appellent *Phnôm* toute élévation brusque, colline, montagne.

latitude nord, une chaîne de montagnes ou plutôt une ligne de hauts plateaux connus sous le nom de *Phnôm Dângrêk,* monts du fléau, court parallèlement à l'équateur et sépare le bassin moyen du Mékong du bassin inférieur. Ces plateaux fortement escarpés au sud, c'est-à-dire du côté du Cambodge, le sont très-peu au nord sur leur versant laotien ; ce qui est facile à concevoir par suite de la différence considérable de niveau des deux bassins, différence que les rapides du fleuve accusent également. Au midi de ces monts, la plaine couverte de forêts, s'abaisse vers le Lac et vers le fleuve Tonlé Sap, accidentée par quelques pics isolés, tels que les *Phnôm Dék,* les collines de fer, Phnôm Pacri, Phnôm Bathéay, etc.

Au nord-est, la chaîne *Cochinchinoise* sépare le bassin du Mékong des nombreuses rivières peu importantes qui se jettent à l'est dans la mer de Chine. Le mot *chaîne* est impropre pour représenter ce dédale de montagnes, peu élevées du reste, qui se croisent dans toutes les directions, donnant naissance à un grand nombre de sources, de ruisseaux, de torrents, dont le cours longtemps indécis, finit par se déverser, soit à l'est dans les rivières de Cochinchine, soit à l'ouest dans les affluents du grand fleuve. Toute cette région est couverte d'une forêt sans limites dans laquelle la cognée du sauvage fait quelques éclaircies bientôt recouvertes par la vigoureuse végétation des pays intertropicaux. La chaîne cochinchinoise descend du nord au sud et serre de près la mer de Chine sur les bords de laquelle elle détache de nombreux et courts contreforts qui font, de la côte de l'Annam, un rivage très-accidenté, coupé de nombreux golfes, baies ou rades; elle finit au Binh Thuân, en faisant surgir à l'ouest ses derniers pics, à Barïa, au cap Saint-Jacques, à l'entrée de la rivière de Saigon.

Cette chaîne, du reste, n'appartient au Cambodge actuel, que par quelques soulèvements qu'elle envoie à l'ouest dans une région peu connue, couverte de forêts sur la frontière non délimitée du nord-est du royaume.

La chaîne entre le Mékong et le Ménam, ou fleuve de Siam, descend également du nord au sud, s'efface en plateaux peu élevés à l'ouest du grand Lac, se relève tout à coup près de la mer à Chantaboun, se dirige au sud-est en suivant la côte du golfe de Siam, puis remonte au nord-est pour dominer le grand Lac par les monts relativement élevés de *Poursat* ou de *Krevanh* (du Cardamome) qui, paraît-il, forment trois soulèvements parallèles et rapprochés, semblables à trois vagues immenses s'allongeant de l'ouest à l'est. Entre ces monts et le golfe de Siam, le pays est semé de massifs enchevêtrés, confus, encore très-peu connus et couverts de forêts. Du mont de l'*Éléphant,* appelé par les indigènes *Phnôm Popok Vîl* (montagne autour de laquelle tournent les nuages), l'un des sommets les plus élevés du Cambodge, part une chaîne qui se dirige à l'est vers Chaudoc. Elle se compose d'arêtes parallèles entre elles et fortement inclinées sur la direction générale de la chaîne. Plus au sud, vers Hatien, jusqu'au Rachgia, de nombreux pics, disséminés dans toutes les directions, en partie émergent de la plaine alluvionnaire, basse, noyée, qui compose cette partie de la Cochinchine, en partie ont encore leur pied baigné par l'Océan peu à peu refoulé, et forment les nombreuses et petites îles parsemées entre Phu Quoc et la pointe de Camau.

Dans la partie inondée du Cambodge, ont surgi plusieurs pics granitiques ou quartzeux à Bati, ainsi que la belle montagne de Ba Phnôm de l'autre côté du fleuve. Enfin, un contrefort se détache des monts de Poursat et enjambe à *Kâmpong Chhnang* le fleuve Tonlé Sap, au delà duquel il s'épanouit par les sommets du Phnôm *Néang Kangrêy*, ou Phnôm Kâmpong Lêng. Ce rameau sépare le bassin du Lac proprement dit de celui du fleuve Tonlé Sap.

Il n'entre pas dans notre compétence de parler de la nature, de la composition de ces montagnes peu connues d'ailleurs. Elles se composent en général de grès de dureté différente, de couleurs variables, plus ou moins micacés, renfermant entre leurs couches de minces filons de houille ou d'anthracite; de calcaire, surtout le long du golfe de Siam, et dans la chaîne de Kâmpot; de quart, de granit et de minérai de fer l'un des plus riches que l'on connaisse.

Le terrain alluvionnaire du Cambodge, peu différent de celui de la Cochinchine française, se compose d'argile, de sable, de sable argileux, de conglomérats formés de sable et de matières ferrugineuses vulgairement appelés *pierre de Bien Hoa* du nom de l'un des principaux centres d'extraction en Cochinchine.

Ce coup d'œil jeté sur la géographie générale du Cambodge, nous amène à diviser ce pays en cinq zones ou bandes différentes par leur aspect, leur nature, leurs productions. 1° La bande fertile des rives du fleuve et de ses îles, sur une largeur de plusieurs centaines de mètres, profonde couche de humus où se concentrent les riches cultures du coton, du mûrier, de l'indigo, du tabac, etc. Elle suit le grand fleuve des rapides aux Quatre-Bras, où elle se divise en trois autres bandes dont la fertilité va en diminuant jusqu'en Cochinchine, le long des fleuves antérieur et postérieur, et jusqu'à la hauteur du mont *Phnôm Pacri*, le long du fleuve Tonlé Sap. Sur tout le parcours de ces belles voies de communication, les villages, les groupes de maisons se succèdent presque sans interruption, quoique la culture soit fort éloignée de tirer tout le parti possible de ces fertiles terrains. 2° La double bande noyée, marécageuse en tout temps, semée de lacs, d'étangs, de bas-fonds, qui entoure de tous côtés la précédente, à l'intérieur du pays, au delà des rives du fleuve. Sur la rive droite elle fait un long et large crochet au nord-ouest pour contourner le grand Lac. En aval de Phnôm Pênh, des Quatre-Bras, une bande de même nature occupe tout l'intérieur de l'île qui s'étend entre les deux fleuves antérieur et postérieur. C'est la zone de la pêche, du sésame, du nénuphar, etc. 3° Autour de celle-ci, la zone demi-noyée, où l'inondation permet la culture du riz, des pastèques, melons, etc. 4° A l'extérieur, la zone des hauts plateaux, peu ou pas inondés, où poussent les arbres à huile, à laque, etc., zone souvent ravagée pendant la saison sèche par les incendies; les Cambodgiens mettent le feu aux herbes desséchées de la plaine, à une forêt; la flamme dévorante s'étend, gagne sous le vent, chasse devant elle les bêtes fauves affolées, et dévaste des lieues entières, « ne laissant derrière elle que la nudité du désert, sauf les gros arbres qu'elle n'a pu qu'effleurer. » (Bouillevaux.) 5° Les montagnes sur lesquelles on récolte la gomme-gutte, la vanille, le cardamome.

Les quatre premières de ces zones ont été gagnées sur la mer par alluvions charriées par le Mékong. En effet, en considérant une carte du Cambodge et de la Cochinchine française, nous voyons que les deux chaînes qui limitent le bassin de ce fleuve, se rapprochent de chaque côté des embouchures. Une ligne tracée de l'extrémité de l'une à l'extrémité de l'autre, c'est-à-dire du cap Saint-Jacques à Hatien, déterminerait l'entrée d'un golfe qui, aux premiers âges de l'époque géologique actuelle, pénétrait au nord-ouest, occupant la plus grande partie du bassin inférieur du Mékong, c'est-à-dire de la Cochinchine française et du Cambodge. La nature du sol complétement alluvionnaire sur ce vaste espace; les nombreux bas-fonds qui subsistent encore en tant d'endroits; et surtout le plus considérable, le grand Lac, qui occupe l'extrémité du golfe antéhistorique, où moins exposé à l'action alluvionnaire, il s'est maintenu à l'état de mer intérieure; tout tend à justifier cette hypothèse. Pour combler ce golfe, avec l'action des alluvions fluviales, s'est combinée, croyons-nous (et l'observation directe semble confirmer ceci), celle d'un soulèvement volcanique lent et incessant qui exhausserait toute cette partie des côtes de l'Indo-Chine. Quoiqu'il en soit, aujourd'hui l'alluvion déborde et fait une large trouée en plein Océan par la presque île boueuse de *Camau*, nom donné par les Annamites d'après les Cambodgiens (Tuk Khmau, eau noire) à cette région de vase qui se confond avec la mer, sans que l'on puisse dire exactement où finit celle-ci, où commence la terre.

CHAPITRE II.

RIVIÈRES.

Nous ne pouvons mentionner ici que les principaux cours d'eau parmi ceux qui n'assèchent jamais. Ceux qui assèchent sont innombrables et permettent au Cambodgien, la pagaye à la main, de parcourir sur sa légère pirogue, presque tout le pays pendant l'inondation.

Nous avons vu que les indigènes appellent leur fleuve *Tonlé.* Ils donnent le nom de *Prêk* à leurs rivières ou, plutôt, à leurs *arroyos* (1) ; et celui de *Stung*, torrent, rapide, à tout cours d'eau qui a un courant unique, dans lequel le flux et le reflux ne se font pas sentir. Il y a toutefois des exceptions assez nombreuses ; plusieurs torrents sont appelés *prêk*, et quelques arroyos reçoivent la désignation de *Stung*.

Dans cette énumération, nous suivrons l'ordre suivant : les rivières qui coulent à l'est du grand fleuve et du fleuve antérieur ; celles qui se jettent dans le grand Lac et dans le fleuve qui le relie au Mékong ; les rivières du fleuve postérieur ; enfin celles qui se jettent dans le golfe de Siam.

Sur la rive gauche du grand fleuve, les principaux cours d'eau sont :

Le *Prêk Chlâng* qui prend sa source au nord de notre frontière de Tây Ninh, coule au nord-ouest et se jette dans le grand fleuve à *Chhlâng*, au point où le Mékong quitte la direction nord-sud pour s'infléchir vers l'ouest.

1. Terme emprunté à l'espagnol et employé par les Européens, en Cochinchine, pour désigner les cours d'eau dont le courant est soumis à l'influence de la marée.

Le Prêk Chhlâng traverse de belles forêts exploitées. Très-probablement il pourrait être facilement réuni par un canal à l'une des deux sources du Vaïco oriental. Sur plusieurs cartes, on indique, entre les deux cours d'eau, des ondulations de terrain sensibles, des collines mêmes; nous croyons que c'est à tort. Selon les indigènes, on peut se rendre en jonque pendant l'inondation du *Prêk Chhlâng* au *Rach Cai Bach*, source septentrionale du Vaïco oriental.

Près de la riche île de Kâ Sutin, à *Péem Phkai Meréch*, commence un arroyo qui descend au sud en changeant souvent de nom. Il suit le thalweg d'une dépression de terrain basse et marécageuse qui opposera la principale difficulté à la construction d'une bonne route de terre directe de Saigon à Phnôm Pênh par Tay Ninh. Cette dépression est quelquefois appelée par les indigènes *Tonlé tauch*, petit fleuve, désignation qui, tout aussi bien que la forme du terrain, indique un ancien bras du fleuve.

L'arroyo de *Péem Phkai Meréch* vient rejoindre le grand fleuve à Banam. A quelques kilomètres au-dessus de ce dernier point, à *Péem Ro* il envoie un beau canal naturel à travers la province de Ba Phnôm. Dès le début, celui-ci détache à l'est, dans des plaines noyées, le petit bras de *Khsach Sá*, (sable blanc) ; ensuite il se bifurque : une branche descend presque directement au sud pour aller rejoindre le grand fleuve à *Tradéu* dans l'inspection de Chaudoc (Cochinchine française).

L'autre oblique au sud-est, passe à 3 ou 4 kilomètres de la montagne de Ba Phnôm, puis au village de *Kâmpong Trâbêk*, (la rive des Goyaves,) et descend jusqu'à *Péem Sedey*. A partir de Péem Sedey il tourne brusquement à l'ouest, en servant de frontière entre la Cochinchine et le Cambodge et va rejoindre, par plusieurs bras, le grand fleuve et l'arroyo de Tradéu.

Deux des rivières larges, profondes, qui arrosent les provinces orientales de la Cochinchine française, les deux Vaïco ont leur source au Cambodge dans les plaines d'argile sablonneux plus ou moins inondées qui s'étendent à l'est du grand fleuve.

Le *Vaïco oriental* est formé de la réunion de deux arroyos appelés par les Annamites, *Rach Caï Bach* et *Rach Caï Cay*. Ces deux *rach*, sur une grande partie de leurs cours, servent de frontière après avoir pris leur source au Cambodge. Il serait très-utile et probablement facile de faire communiquer par des canaux le Vaïco oriental, soit avec le Prêk Chhlâng au nord, soit avec le Prêk Péem Phkai Meréch à l'ouest.

Le *Vaïco occidental* se forme à la forteresse de *Hong Nguyen*, en cambodgien *Chi Rosey*, (enfourcher le bambou), de la réunion de deux arroyos, dont l'un arrose la province cambodgienne de Romduol au nord ; l'autre vient de l'ouest et sert de frontière. Un canal à sec pendant les basses eaux, longé par la frontière, relie ce dernier arroyo à celui de Péem Sedey. Il serait utile d'approfondir ce canal afin de faire communiquer en tout temps le haut Vaïco et le grand fleuve.

Dans le grand Lac se jettent :

Le *Péem Sêma*, que les Annamites appellent *Song Ké*, dont le bassin n'est autre que la province de Battâmbang. Il est formé par la réunion de nombreux cours d'eau dont les principaux sont : le *Prêk Battâmbang* qui arrose la ville de ce nom et coule du sud au nord, et le *Prêk Angkor Barey* qui vient de l'ouest. Le Song Kê, pendant 30 à 35 kilomètres, est large, profond ; les coudes sont doux, la largeur suffisante pour donner accès aux plus grandes canonnières, mais bientôt il se perd dans la forêt, la navigation est gênée par de nombreux détours, par des herbes, des troncs d'arbres. Au delà le Prêk Battâmbang reprend un cours régulier et parfaitement défini entre deux rives escarpées jusqu'à Battâmbang ; la largeur de cette rivière est alors de 60 à 80 mètres, sa profondeur est variable, ses coudes sont peu brusques. Au-dessus de cette ville, la rivière devient moins large, elle est cependant encore praticable aux embarcations du pays, mais les centres de population qu'elle traverse sont très-faibles, et les productions peu importantes. A Battâmbang, le terrain est élevé ; l'inondation du lac se fait sentir jusque-là et y produit une élévation dans le niveau moyen ; mais les inondations sont l'effet des crues partielles et non de celle du Lac.

Au nord du Péem Sêma, un petit stung n'est remarquable que parce qu'il passe près des ruines d'Angkor, et à *Siem Réep*, à 5 ou 6 kilomètres au sud d'Angkor, chef-lieu actuel de la province siamoise de ce nom.

Le Prêk *Kâmpong* (1) *Phlûk*, rivage de l'ivoire, coule dans la province d'Angkor, du nord au sud.

Le Prêk *Kâmpong Cham* sert de frontière entre Siam et le Cambodge au nord du Lac.

Le Prêk *Chikrêng* ou *Chakrêng* donne son nom à une province distraite de Kâmpong Svai il y a quelques années.

Après deux Stung de peu d'importance, vient le *Stung Sên* ou Prêk *Kâmpong Svai*, qui a un cours assez étendu. Il est formé de la réunion d'une foule de torrents qui descendent du versant méridional des *Phnôm Dângrêk*. Aussi les Cambodgiens appellent-ils cette région peu connue *Pâhn Péem*, les mille confluents. Le Stung Sèn laisse à sa droite *Phnôm Dék*, les collines de fer, et passe à *Kâmpong Thôm*, le grand quai, chef-lieu de l'importante province de Kâmpong Svai.

L'entrée du grand Lac est appelée par les indigènes *Véal Phok*, la plaine de boue. Sans doute qu'aux basses eaux cette mer boueuse mérite amplement cette qualification. Dans le Véal Phok se jette le Prêk *Kâmpong Thmâ*, le rivage de pierre, qui passe à travers des forêts de sapin connues depuis peu.

Revenant sur l'autre rive du Lac, nous rencontrons au sud-est du Péem Sêma, le Prêk *Slap Stéang* ou Prék *Kâmpong Prak* qui sert de frontière entre Siam et le Cambodge.

Ensuite le Prêk *Poursat* qui arrose la province de ce nom et passe au chef-lieu appelé également *Poursat*.

Dans la province de Bâbaur, une petite rivière passe à *Bâbaur* qui fut quelque temps la résidence des rois Cambodgiens.

Les affluents du fleuve Tonlé Sap sont, à gauche : Le *Stung Chinit* ou Prêk *Sâmrong Sên* qui arrose la province de Barai et traverse des forêts immenses. De nombreux bûcherons font descendre leurs trains de bois par cette rivière, qui communiquerait aux hautes eaux, selon les indigènes, avec le grand fleuve vers Sâmbok. Sur le bord de ce cours d'eau, près de son embouchure, est un amas considérable de coquilles employées à la fabrication de la chaux.

Le Prêk *Muk Kompul* arrose la province de ce nom et communique

1. Le mot *Kâmpong*, que nous rencontrerons souvent dans les noms de lieu, signifie : rive habitée, quai, débarcadère, et même marché, en ce sens que le Kâmpong est généralement un lieu où se font des échanges.

avec le grand fleuve à Roka Kâng et plus haut à Péem Chekâng. Mais ces deux communications sont difficiles pour les barques d'une certaine dimension, même aux hautes eaux. Péem Chekang fait communiquer avec le grand fleuve des lacs situés dans la province de *Kâmpong Siem*.

Sur la rive droite du Tonlé Sap, un affluent est indiqué sur la carte de M. Pierre, directeur du Jardin botanique de Saigon. C'est le Stung *Keréen* dans la province de Lovêk.

Dans le fleuve postérieur se jettent : Le Prêk *Tenot*, la rivière des palmiers à sucre (borassus flabelliformis), dont l'embouchure est à 10 ou 11 kilomètres au-dessous de Phnôm Pênh. Son cours est assez étendu, mais il n'est praticable pour les barques que pendant 25 kilomètres environ. Encore cette navigation est-elle difficile à l'époque de l'étiage.

Un peu plus bas, le Prêk *Tauch*, la petite rivière, sépare les provinces de Kândal Stung d'une part, de Bati et de Saang de l'autre.

Sur la rive gauche du fleuve postérieur le Prêk *Baknam* débouche à une vingtaine de kilomètres au nord de Châudôc. C'est un canal naturel de 25 à 30 mètres de largeur, d'une profondeur de plusieurs mètres même aux basses eaux, qui fait communiquer avec le fleuve plusieurs des lagunes, des étangs poissonneux pleins de lotus, et de plantes textiles très-exploitées, qui occupent dans toute leur longueur, mais surtout au Cambodge, le milieu de cette île de 120 kilomètres environ de longueur qui commence à Phnôm Pênh et se termine en Cochinchine au large bras qui relie le fleuve antérieur au fleuve postérieur et que les Annamites appellent *Vam Nao*.

Pour établir une communication entre les deux fleuves par le Prêk *Baknam*, il suffirait probablement d'une simple coupure de la rive droite du fleuve antérieur. Cette communication présenterait plusieurs avantages. Elle serait à peu près à moitié chemin des quatre bras au Vam Nao. Établie en biais par rapport aux deux fleuves, elle n'aurait pas de *dos d'âne* (1), et au lieu de s'envaser, elle ne pourrait

1. En Cochinchine, dans ce pays couvert d'un dédale de cours d'eau soumis à l'influence des marées, on appelle *dos d'âne* le point mort où le flux arrive de deux directions opposées. Les dos d'âne ont une tendance à se combler, et sont en général moins profonds que les autres parties des cours d'eau.

que s'agrandir ultérieurement. Enfin, vu la forme du terrain, le canal à creuser serait très court.

Actuellement une communication existe plus bas en face de Chaudoc. C'est le canal de *Vinh an* creusé par les Annamites. De 18 à 20 kilomètres de longueur, il est peu praticable, sauf au moment de l'inondation.

Dans le golfe de Siam se jettent : Le Prêk *Kâmpong Som* qui prend sa source dans les contreforts méridionaux des massifs de Poursat, passe au village de *Tapéang* et finit par plusieurs embouchures dans la baie de Kâmpong Som. Son cours est assez étendu ; ses affluents doivent être nombreux, mais le pays qu'il arrose, boisé et montagneux, est peu connu.

La *rivière de Kâmpot,* que les indigènes appellent, vers sa source, du moins, *Stung Préy Srok,* descend du massif de montagnes qui se dresse à l'ouest du centre commerçant de Kâmpot. Elle arrose la province de même nom, véritable cirque entouré de montagnes, et se jette dans la mer à quelques kilomètres au-dessous du marché de Kampot. Cette rivière large de plus d'une centaine de mètres, est assez profonde pour porter les grandes jonques de mer ; mais ses trois embouchures sont obstruées par une barre qui en rend l'entrée difficile.

Enfin deux cours d'eau qui descendent du Cambodge forment, en se réunissant, la rivière d'Hatien, *Prék Péem.* La source occidentale vient des environs d'une montagne calcaire en exploitation, *Phnôm Kânlâng ;* la septentrionale descend d'un village appelé *Préy Angkonh*, dont les Annamites, qui s'entendent à écorcher maladroitement les noms cambodgiens, ont fait *Linh Quinh.*

L'aspect du terrain semble indiquer que, par ce dernier cours d'eau, Hatien serait bien plus commodément relié au grand fleuve que par le canal creusé, il y a quelque quarante ans, par les Annamites, entre Hatien et Chaudôc.

CHAPITRE III.

DIVISIONS POLITIQUES.

Pour l'intelligence de ce qui nous reste à dire, nous devons résumer rapidement ici les détails que nous avons donnés, dans notre *Notice sur le Cambodge* (1), sur l'organisation et les divisions politiques de ce royaume.

Le royaume actuel est compris entre le 100° 30′ et le 104° 30′ de longitude à l'Est du méridien de Paris; entre le 10° 30′ et le 14° de latitude nord. Il est borné au nord et au nord-ouest par les possessions siamoises du Laos, Tonlé Repou, Melu Préy, Angkor, et Battambang; au nord-est par les tribus sauvages, en cambodgien *Stieng*, *Penong*, etc., en annamite *Moï*, qui habitent l'immense forêt de la chaîne cochinchinoise; au sud-est par la Cochinchise française; au sud-ouest par le golfe de Siam.

La frontière du côté de Siam, déterminée en 1868, part du rivage de l'Océan, en face de l'île Ka kut, remonte au nord-nord-est, en suivant une ligne conventionnelle à travers des contrées accidentées, couvertes de forêts, sans population, jusqu'à la source du Prêk Slap Stiang, dont elle suit la rive droite jusqu'à son embouchure dans le grand lac par le 13° parallèle. Le lac est neutre. La frontière recommence sur l'autre rive du lac à l'embouchure du Prêk Kâmpong Cham par laquelle passe également le 13e parallèle. Elle remonte la rive droite de ce cours d'eau et rejoint au nord une ancienne chaussée. De là au grand fleuve, la frontière est indéterminée. Les commissaires français, paraît-il, ne purent s'entendre avec les commissaires siamois,

1. Notice sur le Cambodge, par E. Aymonier. E. Leroux, éditeur.

où plutôt ceux-ci refusèrent de continuer la délimitation au nord du Cambodge. Cette question de frontière pourrait se compliquer, à notre gré, de celle des deux provinces de Tonlé Repou et de Melu Prey que Siam détient sans droits.

De Stung Trêng, point où le grand fleuve sort du Laos, la frontière, à travers des forêts inhabitées, descend indéterminée au sud-est c'est-à-dire vers le nord de Tay Ninh.

Du côté des possessions françaises, la frontière a été déterminée par un traité signé en 1873 entre le roi du Cambodge et l'amiral Dupré, à cette époque gouverneur de la Cochinchine. Elle suit une ligne très-irrégulière, dont la direction générale est du nord-est au sud-ouest. Tantôt elle est purement conventionnelle, tantôt elle suit des sentiers ou des cours d'eau. Indiquée par 124 poteaux, elle commence au nord-est de Tay Ninh, à un petit cours d'eau que les Cambodgiens appellent *Tonlé Tru*, et finit au golfe de Siam, à quelques kilomètres à l'ouest d'Hatien.

Le Cambodge figure un rectangle peu allongé dont la plus grande longueur, de la pointe qui s'avance dans l'Océan, au sud de Kâmpong Som, à Stung Trêng, limite du Laos, dépasse 400 kilomètres. La plus grande largeur, de l'extrémité occidentale de la province de Poursat, à l'extrémité orientale de celle de Svai Téep, est de 300 kilomètres environ. La superficie peut être évaluée 100,000 kilomètres carrés; et la population a un million d'habitants, ce qui donne au plus 10 habitants par kilomètre carré. Encore cette population occupe-t-elle surtout les bords du fleuve et des principales rivières.

Selon les chiffres officiels communiqués au protectorat en janvier 1874, le total de la population du royaume serait 945,954 habitants, se décomposant ainsi :

Cambodgiens	746.424
Chinois	106.764
Annamites	4.452
Chams et Malais	25.599
Bonzes	1.263
Mandarins, leurs familles et leurs serviteurs	13.401
A reporter	897.903

Report.	897.903
Serviteurs, ouvriers, lettrés, gardes et leurs familles des deux rois et de la reine-mère.	6.154
Population inscrite de Phnôm Pênh	30.000
Village chrétien de Phnôm Pênh.	1.957
Tagals de Manille, agents de police et leurs familles.	197
Sauvages Kouys de Kâmpong Svai.	2.930
Sauvages penongs et stiengs des provinces de l'Est .	1.698
Prisonniers	115
Population flottante	5.000
Total général de la population du Cambodge . . .	945.954

Il y aurait quelques observations à faire à cette statistique. Le chiffre des Annamites (4452) nous paraît dérisoire. Sans parler des nomades qui courent le pays, les Annamites fixés au sol sont très-nombreux; ils peuplent des villages entiers sur les fleuves antérieur et postérieur; dans la plupart des centres situés sur les cours d'eau navigables, ils forment des colonies importantes. Aussi serions-nous tenté de décupler le total de 9,452 que donne le tableau ci-dessus pour les Annamites et pour la population flottante : composée elle-même, en grande partie, d'Annamites.

Le chiffre donné pour les Bonzes (1,263) nous paraît égaler le quart au plus de ce qu'il devrait être. Nous estimons entre quatre et cinq cents le nombre des pagodes du royaume, et chaque pagode renferme au moins huit bonzes en moyenne. Le chiffre donné est d'autant plus extraordinaire qu'ici le recensement est relativement facile.

Enfin nous ne voyons pas figurer sur ce tableau les Sâmrê qui forment une population à part, de même que les Kouys.

Comme toutes les monarchies de l'Orient, le Cambodge est soumis à un roi, maître absolu des personnes, de leurs biens, du sol du royaume, que nul autre que lui ne peut posséder en principe. Son despotisme n'est retenu que par certaines coutumes ou observances dont il lui est difficile de s'affranchir, et par la crainte d'exciter des mécontentements graves qui, chez le peuple cambodgien, se traduisent promptement par des rebellions. Il n'a nulle action sur la religion, bouddhisme méridional ou de Ceylan qui, en fait d'autorité religieuse, ne reconnaît que l'enseignement du Bouddha, tel qu'il a été transmis par les grands conciles. Le roi choisit deux hauts dignitaires pontificaux, très-honorés, mais qui n'ont rien à prescrire sur la doctrine, et bien peu au point de vue de la discipline des autres religieux, même de ceux qui résident à proximité.

A côté du trône sont trois grandes dignités princières. La première est réservée au roi qui a abdiqué. Chez plusieurs peuples bouddhistes, la fréquence de l'abdication a élevé cette coutume au rang d'une institution.

La deuxième est réservée au premier prince du sang, à l'héritier présomptif de la couronne. Et la troisième à la première princesse du sang, naturellement la reine-mère, lorsqu'elle est vivante (1).

Ces trois hauts dignitaires ont relativement peu de puissance effective, moins que les ministres mêmes; mais ils jouissent des immunités, des honneurs, des titres royaux. Chacun d'eux a une maison d'officiers, de fonctionnaires, calquée exactement sur celle du roi. Il y a donc quatre catégories (en cambodgien *sâmrap*) de mandarins distinguées entre elles par les nombres pâlis *ék*, *tou*, *trey*, *chetva*, un, deux, trois, quatre.

La première catégorie (sâmrap êk) appartient naturellement au roi régnant. La place d'ex-monarque n'étant pas occupée actuellement, le roi a conservé pour lui la deuxième catégorie. Son frère cadet, héritier présomptif, est à la tête de la troisième série. Et la quatrième obéit à la reine-mère.

Au sommet de chacune de ces catégories sont cinq grands seigneurs, grands surtout par les titres pompeux dont ils sont décorés. Leur importance n'est réellement considérable que chez ceux de la première catégorie qui sont :

Le *Chauféa*, premier ministre.

Le *Ioumréech*, ministre de la justice.

Le *Veang*, ministre du palais, surintendant des finances.

Le *Kralahom*, ministre de la marine, des transports par eau.

Le *Chakréy*, ministre des transports par terre.

1. La polygamie rabaisse considérablement le rôle de la femme, mais elle élève par contre celui de la mère. Il n'y a rien d'étonnant à retrouver une autre sultane Validé dans l'extrême Orient.

Ces cinq hauts dignitaires se partagent, à quelques égards, le royaume, divisé en cinq grands apanages que les indigènes appellent *terres* (*dêy*). La terre de *Kampong Svai*, au nord du grand lac et du fleuve Tonlé Sap, rend hommage au Chauféa. La terre de *Treang*, du fleuve postérieur à la mer, s'incline devant le Ioumréech. La terre de Thbaung Khmum, sur le grand fleuve, obéit au Véang. La terre de *Ba Phnôm*, à l'est du grand fleuve, reconnait pour suzerain le Kralahom. Enfin la terre de *Poursat*, au sud du grand lac, reçoit les ordres du Chakrêy.

En outre, le royaume du Cambodge est actuellement divisé en cinquante-six provinces (Khêt) dont 43 de la 1re catégorie, 5 de la 2e, 5 de la 3e et 3 de la 4e catégorie. La plus grande partie de ces provinces rentrent dans les cinq grandes divisions qui précèdent, mais plusieurs, au centre du royaume, sont l'apanage soit des mandarins inférieurs de la maison du roi, de la première catégorie, soit de mandarins de la 2e ou de la 3e catégorie.

A la tête de chaque province est un gouverneur nommé par le roi aussi bien dans les provinces qui relèvent des dignitaires princiers que dans celles de la première catégorie.

Sous les ordres de chaque gouverneur, nommés par lui en général, sont : un lieutenant (*balat*), deux sous-préfets (*snâng*), plusieurs autres petits fonctionnaires; enfin le chef de village (*mé srok*).

Cinq provinces des plus importantes, ont conservé le nom des anciennes terres; leurs gouverneurs, considérés comme étant à l'extérieur de la capitale les lieutenants des cinq ministres suzerains, sont supérieurs en dignité et en pouvoir à ceux des autres provinces.

Dans l'énumération des divisions territoriales du Cambodge, nous suivrons l'ordre suivant : Sur le grand fleuve et à l'est, la terre de Thbaung Khmum; au sud de celle-ci la terre de Ba Phnôm; au nord-ouest la terre de Kâmpong Svai; au sud du lac la terre de Poursat, et au midi du royaume la terre de Trêang, entre le fleuve postérieur, et la mer. De là nous passerons aux provinces centrales qui ne sont pas considérées comme faisant partie des cinq divisions précédentes; et nous les désignerons par l'appellation qui paraît parfaitement leur convenir de *province des Quatre-Bras* ou de *Chado Muhk*.

Cette division du Cambodge en six parties, très-commode pour l'étude de ce pays, présente l'avantage de répondre presque entièrement aux traditions des indigènes.

Enfin, quoique ceci sorte de notre cadre, nous donnerons les renseignements que nous possédons sur les provinces cambodgiennes qui appartiennent actuellement à Siam.

Nous indiquerons pour chaque province du royaume actuel sa position approximative; la catégorie ou *sam rap* lorsque ce ne sera pas le *sâmrap êk;* le mandarin suzerain; le chiffre de la population inscrite d'après la statistique officielle; enfin nous y joindrons les quelques renseignements que nous possédons sur les cultures, les centres importants, les montagnes, les lieux remarquables par des ruines, des monuments historiques, etc.

La population inscrite qui comprend en principe les hommes valides de 18 à 50 ans s'élève, pour tout le royaume, au total de 126,000 hommes, soit le 1/8 de la population du Cambodge, si nous estimons celle-ci à un million. Il y aurait donc à multiplier par 8 le chiffre des inscrits pour obtenir à peu près le nombre d'habitants de chaque province. Toutefois nous remarquons que, dans les districts du centre, du midi, où l'action du gouvernement se fait sentir davantage, la population est plus rigoureusement inscrite, il faut multiplier par 6 au plus; tandis que dans les districts montagneux ou dans les provinces du nord, le rapport de la population inscrite à la population totale est de 1/10. D'un autre côté, la population flottante n'existe presque pas dans ces dernières provinces. Toutes ces indications ne peuvent être que très-vagues, du reste.

Le nom des provinces est souvent emprunté à un accident de terrain ; d'autrefois à un centre important. En général il n'y a pas de chef-lieu : le gouverneur réside où bon lui semble.

CHAPITRE IV.

PROVINCES DE THBAUNG KHMUM.

Les provinces de *la terre de Thbaung khmûm*, sont, en descendant du nord au sud :

Sâmbaur, la province la plus septentrionale du Cambodge, sur la rive gauche du grand fleuve, un peu au dessus des premiers rapides que l'on a à franchir en remontant le Mékong ; 300 inscrits.

Sâmbok, au sud de la précédente, à cheval sur les deux rives du fleuve ; 289 inscrits.

Krechés, au sud de Sâmbok, également à cheval sur les deux rives, 717 inscrits ; tire son nom d'un marché assez important sur la rive gauche du fleuve.

Ces trois provinces cultivent quelques rizières, produisent de la cire d'abeilles, de la gomme laque, de la cochenille. Elles sont, et particulièrement Krechés, l'entrepôt du commerce avec le Laos et les tribus sauvages du nord-est. Les marchands chinois ou Laotiens de tout le bas Laos y apportent le cardamome, la laque, la cire, l'ivoire, les cornes, les peaux, l'ortie de Chine et surtout les esclaves. Pour cette dernière marchandise, ils payaient en 1869, lors du passage de deux explorateurs, MM. d'Arfeuille et Rheinart, un droit fixe de 6 francs par tête d'homme, de femme ou d'enfant vendus.

Kâncho, au sud de Krechés, sur les deux rives, a 543 inscrits. Rizières, cultures diverses, palmier appelé *tréang* par les indigènes. Du bois de ce palmier on fait des arcs et dans ses feuilles on découpe les bandes de papyrus, sur lesquelles les Cambodgiens écrivent leurs manuscrits (*Satra*).

Chalhung, sur les deux rives, là où le fleuve tourne à l'ouest ; 725 inscrits. Cette province a des rizières, des cultures diverses, des palmiers *tréang*. Marché important à *Péem Chlâng* confluent du Prêk Chhlang.

Thbaung Khmûm, au sud et au sud-ouest de Chhlâung, entièrement sur la rive gauche du fleuve, est une grande province de 6228 inscrits. Elle produit du tabac, du coton, des mûriers, sur le fleuve; des bois de construction dans l'intérieur. Dans cette province un vaste étang très-poissonneux est appelé Beng Kapit.

Totung Thngay, à l'est de Thbaûng-Khûm, au nord de Tây-Ninh, a 696 inscrits. Cette province a des rizières et de beaux bois de constructions, peu exploités faute de cours d'eau navigables; elle tire, dit-on, son nom d'une chaîne de collines qui descend du nord au sud et qui paraît donc être en travers de la course du soleil.

Les sept provinces qui précèdent, de la terre de Thbaung Khmum, sont du Sâmrap êk, et forment l'apanage du Vèang, ministre du palais, surintendant des finances.

CHAPITRE V.

PROVINCES DE BA PHNOM.

Dans la *terre de Ba Phnôm, Préy Véng* (la grande forêt), avec 1,330 inscrits. Pays de rizières, de bois, d'arbres à huile.

Péem Cho, au sud ouest de la précédente et à cheval sur les deux rives du fleuve antérieur, produit du coton et du bétel; mûriers; renferme 1464 inscrits.

Ba Phnôm, qui tire son nom d'une montagne au triple sommet, isolée au milieu de la plaine marécageuse, s'étend depuis le fleuve jusqu'à notre frontière de Tay Ninh; 5348 inscrits. Un district de cette province, entre les deux arroyos dont la jonction forme le Vaïco oriental, est complétement séparé du reste de Ba Phnôm, par Préy Vêng et par une pointe que fait la nouvelle frontière de Cochinchine. C'est le district ou *Khêt* de *Roméas Hêk.*

Le principal centre de Ba Phnôm est la chrétienté de *Ba Nam,* sur la rive gauche du fleuve antérieur. Ce marché est entouré de pays très-cultivés; on y trouve des céréales, du riz, un petit légume que les Cambodgiens appellent *Sandêk Bai* (haricot-riz), du coton, du poisson salé. Le gouverneur de la province réside ordinairement à quelques kilomètres au nord, au confluent de *Péem Ro.* De nombreuses cases s'échelonnent sur la rivière entre Ba Nam et Péem Ro.

A l'est de la province *Romduol,* avec 3135 inscrits, renferme beaucoup de palmiers à sucre.

On rencontre des ruines à Popél; ce sont trois tours en briques et quelques fragments de statues de grès.

Svai 'Téep, au sud-est de Romduol; province marécageuse, fait une trouée en Cochinchine entre les deux inspections de Tanan et de Tay Ninh; 1,840 inscrits.

Le riz est la principale culture de Ba Phnôm, Préy Vêng, Romduol, Svai Téep.

En face de Ba Phnôm, sur la rive droite du fleuve antérieur est *Lœûk Dék,* avec 1138 inscrits. On y cultive des plantes textiles. Dans l'intérieur sont de nombreux marais poissonneux où l'on recueille l'amande de nénuphar.

Les six provinces de la terre de Ba Phnôm : Préy Vêng, Péem Cho, Ba Phnôm, Romduol, Svai Téep, Lœuk Dêk, sont de la première catégorie (Sâmrap êk) et forment l'apanage du Krâlahôm, ministre des transports par eau.

CHAPITRE VI.

PROVINCES DE KAMPONG SVAI.

Dans la terre de *Kâmpong Svai,* au nord du grand Lac, près de la frontière d'Angkor ou de Siam, les premières provinces que nous rencontrons sont :

Chikrêng ou *Châkrêng,* avec 606 inscrits

Stung, au sud est de la précédente ; 2,455 inscrits.

Ces deux provinces ont été créées par le roi actuel, qui démembra Kâmpong Svai et causa un vif mécontement dans cette région. Leurs productions sont à peu près les mêmes que celles de la province suivante.

Kâmpong Svai, grande province qui s'étend à l'est jusqu'au Stung-Chinit, au nord jusqu'aux forêts qui couvrent les versants méridionaux des *Phnôm Dangrêk* ou mont du fléau (1). 4,541 inscrits. Le principal centre de cette province est *Kâmpong thôm,* le grand quai, sur le *Stung Sên* ou *Prêk Kâmpong thôm.* Elle produit des bois de construction, en partie employés à faire des barques ; du riz, de l'huile de bois, de la gomme-gutte, de la gomme-laque.

A quelques journées de marche au nord de *Kâmpong thôm,* sur la rive droite de la rivière est *Phnôm Dêk,* mont de fer, triple colline qui paraît n'être formée que d'un bloc d'un excellent minerai de fer, exploité par une tribu, les Kouys, que les Cambodgiens considèrent comme des sauvages. Leurs procédés d'exploitation sont très-primitifs. Ils fabriquent des instruments grossiers ou bien vendent en

1. Dângrêk est le fléau qui sert à porter (rêk) en balance sur l'épaule.

barres ce fer connu au Cambodge sous le nom de fer de Kâmpong svai.

Dans cette province voisine de l'ancienne capitale, sont plusieurs monuments en ruine d'une grande importance. Ce sont en allant de l'ouest à l'est : *Melea*, ou *Beng Meléa*, ou *Prèa Kêt Méléa*, vaste et beau monument, près de la frontière siamoise, au sud-est de Phnôm Koulên; le pont Tahon (*Spéan Tahon*) sur le Stung Chikrêng, d'un longueur de 63 mètres, sur 12 de largeur; *Prèa Kan* ou *Prâkan*, monument de moindre importance que Meléa, mais qui renferme de belles sculptures. La description de ces ruines se trouve dans la relation de l'exploitation du Mékong. Un autre monument signalé par les indigènes et visité par la commission d'exploration archéologique, présidée par M. Delaporte en 1873, est *Bantéey Ka Kév*, situé à trois journées dans le nord de Prèa Kan. C'est une grande pyramide en pierres, à cinq étages, élevée et massive, qui occupe l'extremité occidentale d'une vaste enceinte. A l'est on voit une longue série d'édifices composés de galeries avec colonnades, tours en grès et en briques. (Rapport officiel de M. Delaporte).

Préy Kedey, petite province de 274 inscrits, est complétement entourée par Kâmpong Svai. Préy Kedey est de la quatrième catégorie (*Sâmrap Chetva*), et fait par conséquent partie de l'apanage de la reine mère.

Barai, vaste province qui s'étend au nord jusqu'au grand fleuve vers Sâmbour. Barai compte 2,047 inscrits et est arrosée par le Stung Chinit dont le cours n'est pas connu. Rizières, cire d'abeilles, bois de construction, gomme-gutte, gomme-laque.

Stung Trâng, 1,595 inscrits, au sud-est de Barai, sur la rive droite du grand fleuve.

Kâmpong Siém, au sud-est de la précédente, sur la rive droite du grand fleuve, compte 5,978 inscrits. Les deux provinces de Stung Trâng et de Kâmpong Sièm, sont couvertes de lacs, de marécages à l'intérieur. Elles produisent de l'ortie de Chine, de l'amande de nénuphar; et, sur les bords du fleuve, du coton, du mûrier, de l'indigo.

Dans Kâmpong Siém, à 3 ou 4 kilomètres du fleuve est la pagode *Vâht Prèa Chéy Prèa âr*, vulgairement appelée *Vâht Phnôm Bachéy*; sa description est dans l'ouvrage de la commission d'exploitation du

Mékong. Une pierre qui ne fait pas corps avec le monument, porte une inscription dont la traduction est en partie dans ce même ouvrage. Cette inscription serait l'année de 1488 de l'ère bouddhique, soit 945 de l'ère chrétienne.

Chœûng Préy, à l'ouest de Kâmpong Siem, dans l'intérieur, compte 2,919 inscrits, et produit du riz, du tabac, du sucre de palme, des bambous.

Des huit provinces de la terre de Kâmpong Svai qui précèdent, sept sont de la première catégorie (*Samrap ék*), sous la suzeraineté du Chauféa ; seule, la petite province de Prey Kedey fait exception.

CHAPITRE VII.

PROVINCES DE POURSAT.

Les provinces de la *terre de Poursat* au sud du grand Lac, sont :

Poursat ou *Pouthisat*, près de la frontière de Siam avec 2,533 inscrits. Poursat produit du riz, le cardamome (*krevanh*), le plus estimé, des peaux, des cornes, des petites crevettes, des conserves de venaison faisant l'objet d'un commerce relativement important. Le cardamome croît sans culture sur les montagnes élevées (plus de 1000 mètres, dit-on) (1), qui se dressent dans le sud de la province ; les indigènes appellent ces montagnes, *Phnôm Poursat* ou *Phnôm Krevanh*.

Le centre principal de la province est *Poursat* sur la rivière de ce nom. Lors de l'inondation on peut remonter jusque-là en canonnière. C'est le marché du cardomame des monts Krevanh ; il est relié à Phnôm Pênh par une route sablonneuse assez bonne, quoique la nature en fasse tous les frais d'entretien.

Kreko, également sur la rive méridionale du Lac, au sud-est de la précédente ; 505 inscrits ; rizières, beaucoup de gomme-laque ou vernis *meréahk*, et du cardamome de qualité inférieure que les indigènes appellent *kreko*, d'où le nom de la province.

Krâng ou *Kresa*, en suivant la rive du Lac, compte 592 inscrits, et produit du riz, de la résine, de l'huile de bois, de la gomme-laque.

Bâbaur, au sud de la plaine de boue (*Véal phok*), au sud-est de la province précédente, a 1,627 inscrits, produit beaucoup de vernis

1. Cette hauteur est réellement imposante dans ce pays de plaines, à peine plus élevées que le niveau de l'Océan.

meréahk, du riz; sur le littoral les industries de la pêche, de la salaison du poisson sont très-actives; à l'entrée du Lac une petite île appelée *Kâ Chhnok Teru,* est un grand marché de poisson au moment de la pêche, désertée et recouverte par les eaux, lors de l'inondation.

Le village de *Bâbaur,* à quelques lieues dans l'intérieur, est l'emplacement de l'ancienne capitale après Angkor. Une pagode moderne, est l'objet d'une grande véneration. Sa construction n'offre rien de remarquable, mais le sanctuaire est rempli d'idoles en pierre et en métal d'une réelle valeur artistique, selon M. Moura, à qui nous devons ces détails. L'entourage se compose d'une cloison en planches dont la surface extérieure est couverte de sculptures en demi-relief presque usé par le temps.

Roléa Pier, vient ensuite avec 3,522 inscrits. Cette province produit du riz et des bois de construction. Grande fabrication de marmites et d'ustensiles en terre grossière, qui se vendent à *Kâmpong Chhnâng* (la rive des marmites), principal centre de la province et grand marché de ces poteries dont se servent les Annamites et les Cambodgiens. Kâmpong Chhnâng est en partie un village flottant; la plupart des maisons sont élevées sur des radeaux en bambous sur tout le pourtour d'un petit lac qui communique avec le fleuve par un large et profond canal naturel.

Les cinq provinces de Poursat, Kreko, Krâng, Babaur et Roléa Pier, se composent chacune d'une lisière basse et noyée avoisinant le Lac, d'une partie montagneuse au sud, et d'une zone intermédiaire propre à la culture du riz.

Thpong, au sud de Poursat, dans l'intérieur, province étendue, couverte de forêts, de montagnes, ne compte que 870 inscrits. Cette province a des rizières; elle produit beaucoup de gomme-gutte, de la gomme-laque et du cardamome inférieur en qualité à celui de Poursat. L'éloignement de toute voie fluviale rend difficile l'exploitation des beaux bois qui couvrent les montagnes de Thpong. L'une de ces montagnes très-connue au Cambodge, a une forme allongée qui lui a fait donner le nom de Dos de Caïman (*phnôm Khnâng Krepœu*). On y trouve le sapin (*srâl*).

Kâmpong Som, sur le golfe de Siam, avec 1,740 inscrits. Cette province produit du riz, de la gomme-gutte, de la gomme-laque;

elle est arrosée par le *Prêk Kâmpong Som*, rivière qui descend des contreforts des monts de Poursat ; ces contreforts couvrent la province.

Les sept provinces de la *terre Poursat,* qui précèdent, sont l'apanage du Chakrêy et de la première catégorie (*sâmrap êk*).

CHAPITRE VIII.

PROVINCES DE TRÊANG.

Les provinces de la *terre de Trêang*, sont : *Sâmrê* ou *Krâng Sâmrê*, à l'ouest de Phnôm Pênh, sur les contreforts des monts de Poursat ; cette province montagneuse est habitée par une tribu sauvage, les *Sâmrê*, protégés contre les Cambodgiens par la réputation d'insalubrité de leurs forêts, de leurs eaux. Ils paient un léger tribut. Samrê compte 388 inscrits, non compris les sauvages.

Phnôm Sruoch (la montagne pointue), au sud-est de Krang Sâmrê avec 2,781 inscrits, est une province de la deuxième catégorie (*sâmrap tou*), sous la suzeraineté du *Réachéa* qui est le chakrêy de ce sâmrap.

Kong Pisêy, au sud de la précédente, avec 2,348 inscrits; cette province, de la troisième catégorie (*sâmrap trey*), est l'apanage du *Norun*, c'est-à-dire du chakréy de ce sâmrap.

Les deux provinces de Phnôm Sruoch et de Kong Pisey ont des rizières, produisent du vernis meréahk, de l'huile de bois, de la résine, et se livrent à la fabrication des torches.

Kâmpot, au sud de Kong Pisêy, à l'est de Kampong Som, compte 3,613 inscrits. Cette province de la première catégorie (sâmrap êk) est, par exception, l'apanage du krolahom actuel, probablement parce qu'il y a résidé longtemps, lorsque, sous le roi Ang Duong, il dirigeait le commerce auquel se livrait celui-ci.

Kâmpot est la province du royaume la plus productive en poivre. On y trouve aussi des rizières, des salines, du sucre de palme. A l'ouest, une des chaînes les plus élevées du Cambodge, est portée sur les cartes marines sous la désignation de ***chaîne de l'éléphant;*** les indigènes l'appellent *Phnôm popok vil*, mont autour duquel tournent les nuages. La rivière de Kâmpot en descend par une série de cascatelles et de bassins lacustres étagés au mont *Kham chai* qui donne le tabac indigène le plus estimé. Dans la plaine, cette rivière est large, profonde ; son courant est sujet à l'influence de la marée. Elle revient au nord-ouest pour contourner une longue colline peu élevée, entièrement couverte de plantations de poivre. Sur la rive gauche de nombreux arbres fruitiers bordent la rivière. Ang Duong, le prédécesseur du roi actuel, qui affectionnait Kâmpot, avait un jardin royal encore très-agréable quoique à peu près abandonné depuis quinze ans. La rivière s'élargit de plus en plus dans son cours vers l'est et à Kâmpot elle à 2 à 300 mètres de largeur. Elle se jette dans le golfe de Siam, au nord de l'île de Phu Quoc par trois embouchures obstruées par la barre qui rend l'accés difficile aux embarcations ayant plus de deux mètres de tirant d'eau. A une lieu au-dessus de l'embouchure occidentale, la plus accessible des trois, est le centre chinois de *Kâmpot*, grand marché des poivres cultivés dans la province et lieu de ravitaillement des caboteurs du golfe de Siam. A deux kilomètres en amont est le centre cambodgien de *Kâmpong Bai*, résidence du gouverneur, station télégraphique.

Kândal Stung, au sud de Phnôm Pênh, entre le Prêk Tenot et le Prêk tauch, tire son nom de sa position entre ces deux cours d'eau. Cette province, de la deuxième catégorie (*sâmrap tou*), est l'apanage du *Vongsa Akréech* qui est le Joumréech de ce sâmrap. Avec 3.829 inscrits, elle produit du sucre de palme et du riz.

Bati, au sud de Kândal Stung, contient 4,359 inscrits et produit du riz, de la gomme-laque. Cette province tire son nom d'un lac d'un kilomètre de largeur sur 4 à 6 de longueur que les Cambodgiens appellent *tonlé Bati, lac de beau lieu*. Elle renferme des ruines très-curieuses que nous avons été le premier Européen à explorer en avril 1874. La relation de cette exploration a été lue au Congrès des Orientalistes de Saint-Etienne et doit être publiée dans le volume des œuvres du Congrès. En attendant cette publication, le lecteur nous permettra de donner ici quelques détails succincts sur ces ruines qui n'ont encore été décrites nulle part. Sur la rive méridionale du lac Bati est un temple dans le genre de celui de Phnôm Bachéy. Une première enceinte rectangulaire, en pierre de Bien Hoa, a des portes monumentales sur les faces est et ouest. Une deuxième enceinte, en pierre de Bien Hoa, est à galeries couvertes avec un tour au milieu de chaque face. Une cinquième tour, en grès, au centre du monument, forme le sanctuaire, et est reliée à la tour de la face ouest de la deuxième enceinte par une sixième tour, en pierre de Bien Hoa. Devant la pagode, une pierre isolée porte une inscription dont nous avons donné la traduction dans la relation sus-mentionnée. Elle relate les offrandes de l'*Akkhun Tipea Sên Sêng* (probablement un vice-roi) ; la date est l'an 1496 de l'ère sacrée du Bouddha, soit 953 de l'ère chrétienne. Elle n'est donc que de huit années postérieure à celle de Phnôm Bachéy.

Entre la pagode et le lac, un peu sur la droite, est une tour massive en grès, dans le genre de celles qui s'élèvent sur le mont Krôm, près d'Angkor. Et devant cette tour, une mare longue de plusieurs centaines de mètres est séparée du lac par une chaussée d'un kilomètre environ de longueur. Selon les indigènes, cette chaussée se prolonge en retrait, formant un carré ou un rectangle. Ce serait donc une enceinte qui entourait la ville habitée par la population qui édifia ces monuments.

Dans la province de Bati surgissent brusquement de la plaine, plusieurs pics granitiques ou quartzeux. Deux de ces pics, à 300 mètres l'un de l'autre, sont dominés par deux tours en briques avec portes en grès et sculptures à sujets brahmaniques. Ce sont *prasat ta Mau,* la tour de l'ancêtre Mau, et *prasat thmâ do,* la tour de la pierre qui pousse. Celle-ci tire son nom d'un bloc quartzeux qui remplit la tour aux cinq sixièmes. C'est une croyance fermement établie chez les indigènes que cette pierre est sortie de terre il y a soixante-cinq ans environ et qu'elle croît continuellement.

Dans la plaine, deux autres tours en briques, entourées d'une mare rectangulaire sont appelées *prasat Néang Khmau,* les tours de la dame noire. Dans ces tours sont des débris de statues brisées, au dire des indigènes, par les Siamois dans l'une des dernières invasions.

Le plus curieux monument est la pagode du mont Chiso, *vâht Phnôm Chiso,* située sur le flanc oriental de la montagne sur un petit plateau à une trentaine de mètres en contrebas du sommet, à une centaine de mètres au-dessus de la plaine. C'est une enceinte à galeries couvertes en pierre de Bien Hoa, mais les portes, les couronnements sont en grès partout recouvert de riches sculptures. Cette enceinte, d'une cinquantaine de mètres de côté, s'avance jusque sur le bord du plateau. Elle renferme plusieurs édicules en briques et une voûte ogivale très-épaisse en briques ; c'est le sanctuaire, bordé des deux côtés par des galeries à ciel ouvert aux piliers en pierre de Bien Hoa très-massifs. Un escalier gigantesque en pierre de Bien Hoa descend sur le flanc de la montagne ; sa pente très-raide en haut s'adoucit en suivant le contour de la colline. Il a 7 à 8 mètres de largeur et compte environ 380 marches. Au pied de cet escalier, là où la plaine commence, un édicule en forme de croix est appelé *Khsen thmol;* et à 8 ou 900 mètres plus loin un autre édicule exactement pareil est appelé *Khsen Roveang*. Ce sont des galeries à ciel ouvert se coupant à angle droit, percées de nombreuses ouvertures. Au delà, à 1,000 ou 1,200 mètres de la montagne, une vaste mare artificielle est appelée *Tonlé om*, le lac à pagayer ; nom qui indiquerait que ce bassin avait été creusé pour servir aux joutes. Le sanctuaire, l'édifice tout entier, le grand escalier, les deux khsen et la mare tout est sur un même axe qui, au temps de la prospérité, était probablement une voie bordée de maisons ; aujourd'hui les bambous, les broussailles ont tout envahi.

Trêang, grande province, au sud de Bati, compte 4,911 inscrits. Elle produit du tabac, du riz, de la laque, de l'huile de bois, de la résine.

Bântéey Méas, au sud de Trêang, avec 2,458 inscrits, possède des rizières, fabrique des torches, produit du poivre, du bois de construction, de l'huile de bois, de la résine.

La route de Phnôm Pênh à Kâmpot et la ligne télégraphique qui la longe traversent les provinces de Kândal Stung, Bati, Trêang, Bântéey Méas. Dans cette dernière province, cette route passe par une coupure naturelle à travers la chaîne de montagnes qui, du groupe de l'éléphant, se dirige vers Châudôc. Cette coupure d'un kilomètre environ de longueur, souvent réduite à une vingtaine de mètres de largeur, est appelée la porte (*thvéar*) par les indigènes ; les montagnes voisines qui surplombent presque verticalement sont les monts de la porte (*phnôm thvéar*) ; ce passage sert aux hommes le jour, aux éléphants la nuit ; les uns et les autres redoutent de s'y engager à une heure insolite.

Péem, entre Bântéey Méas et la province d'Hatien en Cochinchine française. La province de Péem compte 1,465 inscrits; elle a des rizières, des salines; elle produit du tabac, du poivre.

Les montagnes de Bântéey Méas, Péem, sont en partie des blocs de calcaire dont quelques-uns sont creusés en grottes remarquables. La grotte de *Prêa Thong*, dans Bântéey Méas, a servi au culte; elle renferme des débris de statues, une cellule en briques. Au bas du sentier abrupt qui monte à son ouverture, est une pierre portant une inscription dont les caractères affectent une forme spéciale, allongée comme notre *f*. Près de Prea Thong, une autre montagne que nous n'avons pu visiter faute de temps et dont nous avons oublié le nom, est toute creusée, disent les indigènes, en grottes habitées par les chauves-souris dont le guano est exploité pour la fabrication du salpêtre; cette exploitation est affermée par le gouvernement cambodgien. Dans la province de Bântéey Méas, sont les grottes *Khchâng* et de *Phnôm Kânlâng*. Celle de Khchâng lance au cœur de la montagne de longs bras comparables aux tentacules d'un poulpe gigantesque; dans une crypte obscure est une petite cellule en briques. La grotte de Phnôm Kânlâng est la plus belle. Elle se compose de plusieurs beaux appartements, étagés, très-élevés, communiquant facilement entre eux, bien disposés pour faire de ce palais souterrain une habitation agréable et pittoresque.

Près de Phnôm Kânlâng est une chaufournerie en exploitation.

Saang sur le fleuve postérieur au sud-est de Kândal Stung à cheval sur les deux rives, mais principalement sur la rive droite. Saang compte 2,818 inscrits. On y cultive le mûrier pour l'élevage des vers à soie, le maïs, le tabac, le coton, l'indigo, la canne à sucre et des arachides. Dans cette province est la riche île de *Kâ tuk vil* (île où l'eau tournoie), habitée surtout par des Chinois qui se livrent à la culture.

Saang tire son nom d'une colline de 40 à 50 mètres de hauteur. entassement de gros blocs granitiques qui surgit brusquement de la plaine noyée.

Kâ thôm (la grande île), ainsi appelée d'une île du fleuve postérieur, est en aval de Saang. Un peu plus bas que l'île Kâ thôm, au-dessus de notre frontière est l'île *Kâ thmêy* (île nouvelle), où un Européen se livre actuellement à l'élevage des vers à soie. Nous présumons que la province de Kâ thôm, située sur la rive droite, s'étend aussi sur la rive gauche du fleuve, vers Bacnam. Elle compte 1,159 inscrits. Elle est de la troisième catégorie (sâmrap trêy) et sous la suzeraineté de l'Ekarach qui est le Joumréech de ce sâmrap. On cultive à Kâ thôm le mûrier pour l'elevage des vers à soie, on y fabrique des étoffes.

Préy Krebas (la forêt des cotonniers), au sud de Kâ thom, au nord-ouest de Chandoc, séparée du fleuve par la frontière de la Cochinchine française, compte 3,040 inscrits et produit du tabac, du sucre de palme, cultive des rizières.

Dans cette province se dressent deux petites montagnes, Phnôm Barêy et Phnom Da. Sur le sommet de l'une des trois collines qui forment Phnôm Da, est une belle et grande tour carrée et en pierres de Bienhoa jusqu'à une hauteur de 9 à 10 mètres. Au-dessus la brique est employée et la tour s'arrondit. L'entrée est en grès; les colonnes sont bien sculptées; la partie inférieure de la plaque qui surmonte la porte présente sept rosaces très-bien fouillées. Ce monument, *prasat phnom Da*, a été endommagé par la foudre.

Au nord des deux montagnes est une vaste levée de terre de forme ovale. C'est l'enceinte de la ville d'*Angkor Borêy* où régnait, selon des légendes très-répandues dans le pays, la reine *Ap Ar*, sorte de Sémiramis Cham qui s'éprit violemment du roi Khmer *Banhang Kâ* et tua, pour épouser celui-ci, son mari et son propre fils. Banhang Kâ qui avait conseillé ou exigé ces crimes en fut effrayé, et rejetta l'offre que la reine lui faisait de sa main. Alors celle-ci, levant une armée, vainquit le roi Khmêr, se mit à sa poursuite et le prit à un village qui depuis a conservé le nom de *ban luong* (prise du roi). La légende ne dit pas si ces deux époux furent heureux, s'ils eurent beaucoup d'enfants.

Les provinces de Krâng Sâmrê, Bati, Trêang, Bântéey Méas, Peém, Saang, Kâ thôm et Préy Krebas, sont de la première catégorie (sâmrap êk) et forment l'apanage du Ioumréech.

CHAPITRE IX.

PROVINCES DE CHADO MUHK.

Les provinces centrales qui n'entrent pas dans les cinq grandes terres et que nous appellerons *provinces de Chado Muhk*, des Quatre-Bras, sont :

Kâmpong Lêng, sur la rive gauche du bras du lac en face de Roléa Pier; 1,216 inscrits. Cette province est de la deuxième catégorie (sâmrap tou); c'est l'apanage du *Thomméa Thiréech* qui est le Veang de ce sâmrap. Kampong Lêng cultive des rizières, produit du tabac, du coton. Dans cette province, près du fleuve, se dressent quelques collines appelées *Phnôm Kampong Lêng* ou *Phnôm Néang Kângrêy*, (les montagnes de la dame Kangrey).

Anlong Réech, au sud-est de Kâmpong Lêng, compte 485 inscrits. Les habitants cultivent quelques rizières, et fabriquent de la chaux de coquillages, dont un amas considérable est situé à Sâmrong Tong près de l'embouchure du Stung Chinit.

Muhk Kompul, au sud-est de la précédente, s'étend entre les deux fleuves, le long de l'arroyo de même nom. Cette province a 1,556 inscrits; elle produit des bambous, des rotins, du sésame, du tabac.

Anlong Réech et Muhk Kompul sont de la 4e catégorie (*sâmrap chetva*), et, avec Préy Kedey, forment les trois provinces, apanage de la Reine Mère.

Kâng Méas, au nord de Muhk Kompul, sur la rive droite du grand fleuve, avec 889 inscrits. Cette province qui produit du tabac, du coton, du mûrier, de l'indigo, est sous la suzeraineté du l'*Essaréa Noureak*, mandarin du second ordre de la maison du roi.

A Kâng Méas appartenait, lors de notre séjour au Cambodge, le petit district formé par la langue de terre qui s'allonge entre le grand fleuve et le bras du lac, dont l'extrémité est occupée par la pointe de la douane (*Cheroui Changva*), en face de Phnôm Pênh. Depuis notre départ, ce petit district doit être administré séparément avec la désignation de *Kromomuong*.

Lovêk, sur la rive droite du bras du lac, au sud de Roléa Pier, compte 3,249 inscrits, et constitue l'apanage du *Pipheak eysorea*, mandarin de second ordre de la maison du roi. Dans cette province sont exploités des bois de construction qui se vendent à *Kampong Trelach*, centre principal, sur le fleuve; on y recueille aussi de la gomme laque, de l'huile de bois, de la résine.

La ville, aujourd'hui déserte, qui a donné son nom à la province, fut, pendant quelque temps, la capitale du Cambodge. Les parapets de la citadelle royale sont encore reconnaissables.

Kâmpong Luong ou *Pinhalu*, au sud-est de la précédente, compte 2,199 inscrits. Cette province est actuellement sous la suzeraineté accidentelle du Kralahom. Elle produit du tabac, du coton, du mûrier; les habitants se livrent à une active pêche au filet. Un marché important se tient sur le fleuve à *Kampong Luong* (quai royal); on y échange des étoffes d'Europe et de Chine contre le cardamome et la gomme gutte de la province de Thpong.

Une chaussée de six kilomètres de longueur, relie Kâmpong Luong à *Oudong*, la capitale du royaume avant Phnôm Pênh, résidence de la reine-mère actuelle. « En suivant cette chaussée, on laisse à gauche une colline à trois sommets, *phnôm préa réech trahp* (montagne de l'État). Au pied de cette colline ont été enterrés presque tous les membres de la famille royale depuis le roi Ang Eng. Sur le point culminant s'élevait jadis un sanctuaire contemporain d'Angkor, auprès des ruines duquel les rois du Cambodge ont construit au XVIe siècle de nouvelles pagodes. » (Garnier.)

Phnôm Pênh, au sud-est de la précédente, compte 320 inscrits, la capitale non comprise. Cette province, peu importante en elle-même, produit dans l'ouest du sucre de palme; elle cultive quelques rizières, élève des vers à soie, fabrique des étoffes.

La plus grande place de commerce du royaume, est sans contredit *Phnôm Pênh*, la capitale si merveilleusement placée aux Quatre-Bras pour attirer sur son marché presque tous les produits du royaume. Le poisson du grand lac, le coton, l'indigo du grand fleuve, le cardamome de Poursat, les bois de construction, les bambous, la cire, la résine, la gomme-gutte, la gomme-laque, le tabac, la soie de tout le pays, les peaux, les cornes, etc., passent à Phnôm Pênh pour être de là exportés à Cholen, en Cochinchine. Les poivres seuls ont leur marché spécial à Kâmpot.

La population de Phnôm Pênh doit dépasser trente mille âmes. « Cette ville comptait, dit-on, 50,000 habitants avant son incendie par les Siamois en 1834. Sa population est une des plus mélangées de tout le delta du Cambodge. On y coudoie tour à tour des Annamites, des Cambodgiens, des Siamois, des Malais, des Indiens, des Chinois de toutes les provinces du Céleste-Empire. Ceux-ci constituent, là comme partout, l'élément le plus actif et le plus commerçant, sinon le plus nombreux ; par rang d'importance viennent ensuite : les Annamites, qui fournissent tous les bateliers qu'emploient le trafic avec les provinces de la Basse-Cochinchine et la pêche du grand Lac, et un grand nombre de petits boutiquiers; les Malais constitués en corporations puissantes et qui sont les principaux détenteurs des quelques marchandises européennes qui viennent faire concurrence aux importations analogues de la Chine ; enfin les indigènes. Sur le marché, les porcelaines, les faïences, la mercerie et la quincaillerie du Céleste-Empire s'étalent à côté de quelques indiennes, de quelques cotonnades anglaises et de la bouteille de vermouth ou de liqueur qui caractérise plus spécialement la part de l'importation française. » (Garnier.)

On peut considérer comme un faubourg de cette ville, au nord-ouest, sur le bras du Lac, l'importante chrétienté transportée de Pinhalu à Phnôm Pênh, à la suite de la cour, en 1867. Elle se compose d'Annamites et de familles cambodgiennes qui prétendent descendre des Portugais.

Samrong Tong, grande province dans l'intérieur, à l'ouest de Kâmpong Luong et de Phnôm Pênh, compte 6,797 inscrits. Cette province, placée sous la suzeraineté du *Pithéack eysorea*, mandarin de second ordre du palais, cultive des rizières, produit de la gomme-gutte, de la résine, de l'huile de bois.

Kâ Sutin sur le grand fleuve. Nous ignorons si cette province est limitée à l'île de ce nom ou si elle s'étend sur la rive gauche du fleuve. Avec 1,426 inscrits, elle est sous la suzeraineté du *Pipheak nivit.* Grande production de coton, de tabac, de vers à soie, d'indigo.

Svai Romiht, au sud-ouest de Kâ Sutin, compte 2,979 inscrits, et produit du coton, du mûrier, de l'indigo. Cette province de la deuxième catégorie (*sâmrap tou*) est sous la suzeraineté du *Pibol*, le kralahom de ce samrap.

Khsach Kandal, dans l'île de ce nom, peut-être aussi sur la rive droite du fleuve, compte 2,365 inscrits, produit des arachides, du coton, de l'indigo, du tabac, du maïs, des légumes, des bananes. De la troisième catégorie (*sâmrap trêy*), elle est sous la suzeraineté du *Sâmdach Chét* qui est le chauféa de ce sâmrap.

Lovéa Em, aux Quatre-Bras, sur la rive gauche du grand fleuve, compte 2,103 inscrits, produit des arachides, du coton, de l'indigo, du tabac, du maïs, des légumes, des fruits. Cette province, de même que la précédente, est de la troisième catégorie (*sâmrap trêy*) et sous la suzeraineté du *Samdach Chét.* Un centre chrétien assez important est à *Mâht Kasar* au-dessous des Quatre-Bras. Derrière ce centre est un lac très-poissonneux.

Le village de Lovéa Em, en face de Phnôm Pênh, complète les quatre groupes habités assis sur les Quatre-Bras ; ce sont : Phnôm Pênh sur la rive droite, Cheroui Changva (la pointe de la douane) sur le promontoire entre le grand fleuve et le bras du lac, Lovéa Em sur la rive gauche et Kâ Noréa, le moins important, dans la province de Kien Svai, sur le promontoire formé par les deux fleuves, antérieur et postérieur. De Cheroui Changva à Kâ Noréa, la nappe d'eau s'étend presque de deux kilomètres en ligne droite, et de plus du double de Phnôm Pênh à Lovéa Em. Ce dernier point est appelé peut-être à prendre beaucoup d'importance au détriment de la capitale actuelle sur laquelle il présente plusieurs avantages; pour n'en citer qu'un, pendant six mois de l'année, les bateaux des Messageries Maritimes de Cochinchine doivent mouiller à Lovéa Em : le peu de profondeur de l'eau (2 mètres en moyenne), ne leur permettant pas de doubler la pointe de la douane.

Entre les dernières provinces que nous venons de parcourir et celle de Préy Vêng, en suivant du nord au sud la dépression de terrain qui de Péem Phkai Meréch descend à Banam, on traverse les trois

Sitho ou *Srêy Sânthor* qui probablement ont été formés par le démembrement d'une seule province.

Sitho Kândal ou *Srêy Santhor Kândal* (du milieu), au sud de Kâ Sutin. Cette province de la deuxième catégorie (*samrap tou*), apanage du Pibol, ou Kralahom de ce sâmrap, compte 2,213 inscrits.

Sitho Sedam ou *Srêy Sânthor Sedam* (de droite), au sud de la précédente, avec 2,493 inscrits. Cette province appelée quelquefois *Péaréang* est de la troisième catégorie (*sâmrap trêy*) sous la suzeraineté du *Serêy Sautupho vêang* qui est le Véang de ce sâmrap.

Sitho chhvéng ou *Srêy Sânthor chhvéng* (de gauche), de la deuxième catégorie (*samrap tou*), sous la suzeraineté du Pibol ; cette province compte 1,715 inscrits.

Les trois Sithor cultivent principalement des rizières.

Kien Svai, au sommet de l'île qui s'allonge entre le fleuve antérieur et le fleuve postérieur à partir des Quatre-Bras, compte 2,481 inscrits. Cette province de la première catégorie (*sâmrap ék*), forme l'apanage du *Jouthéa Sangkréem*, mandarin de second ordre, commandant d'avant-garde ; elle produit du sésame, du coton, du tabac, maïs, mûrier, fruits, etc.

En terminant cette énumération des cinquante-six provinces du royaume, nous remarquerons que, au point de vue de la géographie physique, les provinces de Kândal Stung, Saang, Kâ thôm, appartenant traditionnellement à la terre de Treang, pourraient être classées dans les provinces des Quatre-Bras.

CHAPITRE X.

PROVINCES CAMBODGIENNES SOUMISES A SIAM.

Nous ne possédons que bien peu de renseignements sur plusieurs des provinces peuplées de Cambodgiens qui sont sous la domination de Siam, domination assez douce d'ailleurs. La cour de Bangkok donne à ses sujets des gouverneurs de leur propre nationalité, sorte de petits roitelets jouissant d'une grande autorité. Cependant le joug siamois tend à s'appesantir depuis 1868, surtout pour Battambang, la plus vaste, la plus belle, la plus riche de toutes. Ces provinces et celle de Kâmpong Svai, renferment la plus grande partie des ruines de l'ancien royaume d'Indra. Ces monuments, avec Angkor la capitale pour centre, s'étendent comme un immense croissant dont les cornes s'allongent à Battambang et à Kampong Svai, dont le dos s'arrondit au nord jusque vers Korat. Là, était le foyer de la puissance de Kampouchéa, de cette civilisation qui fera entasser conjectures sur hypothèses, hypothèses sur conjectures jusqu'à ce que l'épigraphie ait livré ses secrets (3). Ces monuments signalés par Mouhot, explorés en partie par le capitaine de frégate de Lagrée et ses compagnons, explorés de nouveau en 1873, par une mission que commandait le lieutenant de vaisseau Delaporte, exploration continuée par M. Faraut, sont loin

1. Un grand nombre de *fac-simile* d'inscriptions ont été envoyés en Europe. Leur publication, accompagnée d'une courte notice pour chaque inscription, serait de la plus grande importance. Elle permettrait de les comparer entre elles, de distinguer celles qui, présentant moins de difficultés, doivent être étudiées les premières. Les seules qui aient été livrées à la publicité, celles qui sont reproduites dans l'ouvrage de la Commission d'exploration du Mékong, peuvent être classées parmi les plus difficiles à déchiffrer : ici la langue paraît totalement inconnue, ainsi qu'une partie des caractères.

d'être tous connus. Nous les décrirons sommairement dans chaque province, d'après Mouhot, et d'après la relation faite par M. Garnier sur les notes du commandant de Lagrée.

Battambang ; cette riche province comprend tout le bassin du *Song Ké* à l'ouest du grand Lac, avec 60 à 70,000 habitants, et environ cent mille francs de revenus, provenant des fermes de l'opium, du jeu, de la monnaie, etc. Battambang fait un grand commerce de poissons du Lac, exporte du riz, de la cire, du cardamome, des peaux, des cornes, etc., etc., et nourrit un grand nombre de bœufs, de buffles, d'éléphants, ainsi que des rhinocéros dans les forêts qui couvrent les montagnes du sud de la province.

« La ville actuelle (de Battambang) ne date que de l'époque de la prise de la province par les Siamois ; l'ancienne ville était située à trois lieues plus à l'est sur le bord d'une rivière que l'on a barrée et détournée de son cours. » (Mouhot).

Dans le voisinage même de Battambang sont les monuments de Baset, de Banon, de Vâht Ek. Le temple de *Baset,* le plus rapproché du chef-lieu actuel, est presque entièrement ruiné.

« Le seul édifice dont la base soit encore plus ou moins intacte est un bâtiment de 25 mètres de long sur six de largeur, séparé en deux par un mur intérieur et dont les extrémités sont en forme de tour. » (Mouhot.)

Ce monument est en grès, couvert de belles sculptures ; un peu au delà sont des amas de débris, colonnes, portes, pans de mur, etc.

Banon a quatre lieues environ au sud de Battambâng, sur le sommet aplani de l'un des premiers monts détachés d'une des ramifications de la grande chaîne de Poursat. « Huit tours sont reliées par des galeries et communiquent de deux côtés, par un mur de terrassement, à une cour centrale qui a plus de 8 mètres de diamètre et 20 d'élévation. » L'édifice est de plain pied, bâti en pierre de grès et doit remonter à la même époque que Bassette. Quoiqu'il n'y ait rien de particulièrement remarquable, ce qui est resté debout des tours et des galeries n'en indique pas moins un travail imposant, beaucoup de goût dans l'ensemble, d'habileté dans la construction et d'art dans les détails. » (Mouhot.)

Le temple de Vâht Ek se trouve dans la direction opposée à celle de Banom et à deux lieues de Battambang (au nord). C'est une tour assez bien conservée, entourée d'une galerie formant enceinte avec deux portes monumentales, sur les faces est et ouest.

A deux jours de marche à l'ouest de Battambang est le village d'Angkor Borèy (la ville royale), grand centre de production de cire « onze mille kilogs sont envoyés chaque année à Siam. »

A moins de 60 kilomètres à l'E. N. E. d'Angkor Borèy, à 15 lieues au N. O. d'Angkor se trouve le pays aurifère de Tu'k Cho, à deux journées du grand Lac... L'exploitation régulière ne remonte guère qu'à deux ans (vers 1868); encore est-elle entre les mains de deux compagnies de Chinois qui sont loin d'en tirer tout le parti possible. Chaque compagnie se compose de trente hommes; elles ont acheté au vice-roi de Battambang le monopole de l'exploitation. Le métal s'obtient par le lavage des terres extraites de puits d'environ vingt pieds de profondeur; les sables aurifères sont extraits pendant la saison sèche, et le lavage se fait aux mois pluvieux. Le rendement est d'autant plus considérable que les terres proviennent de puits plus profonds. Si l'on ne creuse pas davantage, c'est parce qu'on trouve à cette profondeur des couches de quartz aurifère, que les mineurs, avec leurs moyens grossiers, n'ont pas avantage à extraire. » (Brossard de Corbigny, Revue maritime.)

Angkor, cette province actuellement peu importante, peu peuplée, vit autrefois la splendeur de la capitale dont elle a conservé le nom. Aussi les ruines les plus remarquables, témoins silencieux d'un passé glorieux, sont-elles accumulées dans cette région presque déserte aujourd'hui.

Le chef-lieu actuel de la province est *Siem Réep*, forteresse en pierres de Bienhoa, où réside le gouverneur, centre commerçant d'une certaine importance (1).

A quelques kilomètres au sud de Siem Réep, le *Phnôm Krom* (mont inférieur), sur le bord du Lac, présente une colline grise et pelée dont la croupe allongée et arrondie se relève du côté du Lac en dôme couvert d'une crinière d'arbres rabougris. Au milieu de ces arbres se dressent trois tours massives en grès. Cette colline devient une île

1. Nous avons visité Angkor en octobre 1873. Le lecteur nous pardonnera de laisser parler nos souvenirs, de donner un pâle reflet de nos sensations, au lieu de puiser dans les relations d'autrui, si importantes, si supérieures que soient ces relations.

lors de l'inondation. De son sommet la vue domine le Lac qui s'étend à perte de vue dans la direction du sud-est, tandis qu'à droite la ligne de palétuviers qui marque la limite du bassin lors de l'étiage, décrit un arc de cercle immense vers la province de Battambang. En se tournant vers le nord, l'œil, d'abord arrêté sur Siem Réep, sur ses rizières, sur sa ceinture de palmiers à sucre au tronc élancé couronné d'un bouquet de verdure que forment quelques feuilles semblables à deux éventails déployés et accolés, se perd ensuite sur la forêt sombre et immense coupée çà et là d'éclaircies, de petits lacs. En un point presque imperceptible, le doigt du guide indigène, indique les cinq grandes tours d'Angkor Vâht et la saillie recouverte d'arbres du Mont Bakeng. Au loin, perdus dans le ciel gris et nuageux, les contours indécis des Phnôm Koulên, limitent cet horizon, théâtre d'une phase brillante dans la marche de l'humanité, phase sans histoire, mais non sans témoins, interrogés avec ardeur par les enfants de la France et qui un jour, prochain peut-être, livreront leurs secrets.

Siem Réep est situé à peu près sur la limite de l'inondation ; le terrain se relève relativement d'une manière assez rapide. De ce point on suit, allant au nord, une route sablonneuse qui s'enfonce dans une forêt de grands arbres. Après une heure de marche on atteint une petite esplanade en pierres, avec des lions sculptés à chaque angle. De cette esplanade part, vers l'est, une longue chaussée dallée de larges pierres, dominant une marc profonde et creusée avec la plus grande régularité. Perpendiculairement à la direction de cette chaussée, se dresse à son extrémité, un mur d'une grande longueur, surélevé en galeries et colonnades, vers son milieu, percé de portes monumentales et surmonté par plusieurs tours. C'est le mur, les galeries, colonnades, portes et tours de la première enceinte.

Mais (nous en demandons humblement pardon à Mouhot), ce n'est pas de cette esplanade que l'esprit reçoit la plus forte commotion en face de ce gigantesque travail des enfants des hommes. Il faut traverser cette chaussée, pénétrer sous la voûte de la porte monumentale du mur de la première enceinte, en surmontant la répugnance qu'inspirent l'odeur fade des chauves-souris suspendues à la voûte et la vue de la couche de boue qu'elles ont accumulée sur le sol, et déboucher dans l'enceinte. Alors, à l'aspect d'une seconde avenue immense pavée de larges dalles de grès, bordée de parapets, dragons qui relèvent leurs neuf têtes; des deux gracieux édicules qui se dressent aux deux tiers de l'avenue et, à son extrémité, de l'énorme déploiement de murs, de colonnes, de galeries; à l'aspect du portique grandiose au delà duquel s'étagent, suivant les lois d'une admirable perspective, une succession d'arêtes ogivales, sur lesquelles paraît s'élever la tour centrale, le sanctuaire qui couronne et domine tout le monument, escortée de quatre autres tours semblables et presque aussi élevées, et encore de quatre autres plus éloignées et plus basses; alors, si étranger que l'on soit aux merveilles de l'art architectural, on reste frappé d'une surprise, d'une admiration écrasantes, quelque prévenu que l'on puisse être par les récits des devanciers sur la grandeur du spectacle. Ajoutez l'indescriptible émotion produite par le sombre manteau de solitude et d'abandon qui recouvre ces ruines; dans leur morne langage, par leurs larmes muettes, silencieuses, mais frappantes, ces filles de l'homme accusent le père dénaturé qui les livre inertes, impuissantes, aux outrages du temps impitoyable, d'une nature active et acharnée à leur destruction. Nous devons l'avouer, les bas-reliefs si vantés à juste titre, les gracieuses arabesques des colonnes massives ne purent exciter notre enthousiasme. Mais revenant en face du monument, avançant et reculant sur la chaussée, l'œil toujours fixé sur cette montagne de pierres entassées avec un étonnant génie, nous ne pouvions nous lasser de la contempler, en changeant le point de vue pour diversifier les aspects d'une perspective toujours admirable dans ses détails comme dans son ensemble.

Terminons en empruntant quelques chiffres aux explorateurs du Mékong. La largeur de la mare qui entoure l'édifice est de 200 mètres environ. Le développement du revêtement extérieur de cette mare est de 5,540 mètres. La chaussée extérieure sur une longueur de 200 mètres a 8 mètres de largeur. Le développement du mur de l'enceinte est de 820 mètres sur chacune des faces ouest et est, de 960 sur chacune des faces latérales; au total 3,560 mètres. La chaussée intérieure, de ce mur au monument, dépasse 400 mètres de longueur. Le développement des galeries extérieures du monument est de 178 mètres sur chacune des faces est et ouest, de 223 mètres sur chacune des faces latérales; au total 802 mètres, couverts de bas-reliefs. Enfin, la tour centrale s'élève à 56 mètres au dessus de la chaussée.

A l'ouest et près de la route qui d'Angkor Vâht se dirige à Angkor

Thôm, se dresse l'éminence appelée *Phnôm Bakêng*, dont le sommet aplani de main d'homme, était couronné de constructions. La plus importante, encore très-reconnaissable, formait un édifice à terrasses étagées, sorte d'estrade royale, peut-être, couronnant la colline, dominant au loin la ville et la campagne.

Angkor Thôm est à moins de deux kilomètres au nord d'Angkor Vâht. Les remparts de la cité, en pierres de Bien Hoa, sont assez bien conservés. Comme presque toutes les enceintes des monuments Cambodgiens, ils ont une forme rétangulaire, présentant leurs quatre faces aux quatre points cardinaux. Leur développement est de 3,800 mètres sur chacune des faces est et ouest, de 3400 mètres sur chacune des faces nord et sud; total : 14,400 mètres. Leur hauteur est de 9 mètres. Entourés d'un fossé profond de 4 à 5 mètres et large de 120 mètres, ils sont percés de cinq portes, dont deux sur la face est, et une au milieu de chacune des autres faces. Chaque porte était surmontée d'une tour élevée, sculptée en tête humaine, gigantesque, à quatre faces. Le fossé était traversé par cinq beaux ponts en pierre dont les parapets représentaient des serpents supportés par de belles statues.

Dans l'enceinte existent plusieurs ruines ; la plus belle est le *Baion* ou monument aux cinquante et une tours.

De nombreux monuments, plus ou moins importants, se rencontrent à chaque pas dans la province d'Angkor, surtout aux environs de l'ancienne capitale (1).

La province de *Choukan*, au nord-ouest d'Angkor, peu connue, fertile et bien cultivée, dit-on, renferme plusieurs ruines, entre autres un pont sur le Stung Srêng visité par M. Garnier. Dans le nord de cette province ou dans le sud de la province de Sourên, sont les ruines importantes de *Bântéey Chhmar* (explorées par M. Faraut), l'un des plus vastes et des plus remarquables monuments du Cambodge.

Choukan est toute entière dans le bassin inférieur du grand fleuve, au sud du mur naturel en grès de 200 mètres environ de hauteur,

1. Outre les relations de Mouhot, de l'exploration du Mékong, nous renvoyons le lecteur à la brochure sur l'Art Khmer, par le comte de Croizier. De nombreuses ruines y sont sommairement décrites sur les indications des derniers explorateurs; ces descriptions n'étant accompagnées d'aucune indication géographique, il est inutile de les reproduire ici.

qui court de l'ouest à l'est, séparant les affluents laotiens du Mékong des cours d'eau qui se jettent dans le grand Lac. Les provinces qui suivent sont complétement ou en grande partie au nord de ce rempart, dans le bassin moyen du Mékong.

Sourên, au nord de Choukan, est une province boisée qui renferme plusieurs ruines. La population y est clair-semée. Dans le sud de cette province « la plaine s'accidente un peu... La forêt s'épaissit... Le sol de la forêt s'élevait graduellement... Du côté sud, la voûte de la forêt semblait devenir plus transparente. Tout à coup une éclatante lumière pénétra sous ses arceaux. Le sol nous manqua sous les pieds. La forêt prenait fin, et un immense horizon s'ouvrait devant nous. Ce fut pour moi comme une révélation : nous étions parvenus à l'arête du plateau que nous avions parcouru jusque-là. La plaine inférieure, qui s'étendait à 200 mètres environ au-dessous de nous, était au niveau du grand Lac, et ces 200 mètres représentaient — et au delà — toute la différence de niveau entre Phnôm Pênh et Oubon.

« Les abords du plateau étaient presque à pic. La muraille de grès qui le soutenait présentait une série de rampes irrégulièrement tracées en zigzag, à pente très-inégale et très-roide, où l'on distinguait les traces du passage des hommes et des chars. » (Garnier).

Sankéa, au nord d'Angkor, à l'est de Sourên. Au chef-lieu de cette province, la route d'Oubon se bifurque : un bras se dirige à l'ouest sur Bangkok par Sourên, l'autre au sud par Angkor. Au sud de Sankéa, « le plateau d'Oubon est aussi à pic » que dans la province de Sourên.

Koukan, au nord de Sankéa, est de même que les précédentes, une province boisée et peu peuplée.

Melu Préy, à l'est de Sankéa, est totalement inconnue.

Tonlé Repou, à l'orient de la précédente, n'est guère mieux connue. « A la hauteur de Khong, et sur la rive droite du fleuve, s'étend la province cambodgienne de Tonly Repou, tombée aujourd'hui au pouvoir des Siamois. Cette province qui doit son nom à une jolie petite rivière, était autrefois riche et peuplée ; depuis sa séparation du Cambodge, elle a été désertée en partie, et les montagnes qu'elle contient sont le lieu de refuge des bandes de voleurs. Le commandant de Lagrée alla visiter, pendant notre séjour à Khong, un ou deux villages de cette province situés sur la rive droite du grand fleuve et remonta pendant quelques milles la rivière Repou que les Laotiens appellent Se Lompou. Il revint convaincu de l'importance qu'il y aurait pour le Cambodge et pour le commerce de notre colonie de Cochinchine, de revendiquer la possession de ce territoire dont Siam, on se le rappelle, s'est emparé par trahison en 1810. »

« .... Je me rendis à Compong Cassang, village de la province cambodgienne de Tonly Repou, situé sur la rive droite du fleuve, au-dessous de l'embouchure de cette rivière. Tonly Repou n'a plus aujourd'hui aucun grand centre de population. Il y a à peine 400 inscrits cambodgiens dans toute la province ; les Kouys forment le reste de la population. De nombreuses routes relient le bord du fleuve avec Compong Soai, Caker (Kâkêv) et Angkor ; mais le Stung Sen ou rivière de Compong Thom est difficile à traverser dans les parties hautes de son cours. » (Garnier).

Enfin à l'ouest de Sourên, la vaste province de *Korat* (Angkor Réech Sêma) est en grande partie peuplée de Cambodgiens. Son chef-lieu, du même nom, est un centre commercial important, route des produits du Laos à Bangkok. Selon Mouhot, cette ville « ne doit pas contenir plus de 5 à 6,000 habitants, et dans ce nombre on compte 600 Chinois, en partie venus directement du Céleste-Empire, en partie dépendants de parents résidant déjà dans le pays. » Korat nourrit un nombre considérable d'éléphants, de bestiaux. Si le chef-lieu est peu important, « la province entière, qui compte une foule de villages et plus de onze petites villes ou chefs-lieux de districts, espacés à quatre, six et huit journées de distance, doit compter de 50 à 60,000 habitants. » Le même voyageur a visité « à 9 milles de Korat, à l'est, un temple nommé Penom Wat (Phnôm Vâht), très-remarquable, quoique bien moins grand et moins beau que ceux d'Ongkor (Angkor). Penom Wat est un charmant temple de 36 mètres de long sur 14 de large, et dont le plan figure assez bien une croix. Il est composé de deux pavillons ou chapelles avec toit de pierre en voûte et portiques de la plus grande élégance. La hauteur des voûtes est de 7 à 8 mètres ; la galerie en a 3 de largeur intérieurement et 2 de plus avec les murs. A chaque façade de la galerie se trouvent deux fenêtres garnies de barreaux tournés. Du grès rouge et gris d'un grain assez grossier est entré en entier dans sa construction, et dans plusieurs endroits il commence à se décomposer. Sur une des portes se trouve une longue inscription. »

CHAPITRE XI.

PRODUITS. — COMMERCE.

Le Cambodge occupe un sol des plus favorisés parmi les pays intertropicaux. Ses productions peuvent devenir la source de grandes richesses. La plupart sont supérieures en qualité aux produits similaires des autres contrées. Dans ce pays presque désert, la terre est d'une grande fertilité. Le coton, le mûrier, le caféier, le muscadier, le giroflier, l'indigo, le tabac, le gingembre, le poivre, la canne à sucre, les légumes des pays chauds, etc., etc., y réussissent admirablement. Partout les forêts recèlent des gommes précieuses, gomme-gutte, gomme-laque. Sur la plupart des montagnes, la vanille pousse en abondance à l'état sauvage et n'attend que les soins de l'homme pour donner d'abondants produits. On y trouve aussi le meilleur cardamome que l'on connaisse; diverses espèces de caoutchouc, de gutta-percha. Les beaux bois de tableterie, de construction abondent au Cambodge; mais les espèces les plus répandues sont les arbres à huile, à résine; ainsi que plusieurs bois de teinture, employés avec habileté par les indigènes.

Tous les produits agricoles et industriels du royaume sont frappés d'un droit de circulation et d'exportation fixé en principe au dixième de leur valeur. Le relevé suivant du registre officiel des douanes pour l'année 1873 permettra donc — tout insuffisant que soit le système douanier du Cambodge — de connaître la nature de ces produits, leur valeur dans le pays, et la quantité approximative de la production dans une année.

EXTRAIT DU REGISTRE DES DOUANES DU ROYAUME DU CAMBODGE

ANNÉE 1873

PRODUCTIONS DIVERSES.	Nature des unités.	QUANTITÉS.	Valeur en fr. sur la place de Phnôm Pênh
Coton brut	kilog.	8,015,140	2,051,875
Coton egrené	»	115,570	99,159
Poivre	»	226,000	385,966
Soie grège	»	5,980	150,815
Cocons	»	5,460	20,475
Cardamome	»	4,952	57,076
Cardamome (dit sauvage)	»	9,904	14,370
Paddy	»	880,160	30,730
Tabac	»	138,460	177,228
Gomme-gutte	»	5,950	26,418
Cire	»	8,260	62,511
Gomme-laque	»	4,340	7,851
Haricots divers	»	309,820	52,669
Ortie de Chine	»	6,720	8,601
Sésame	»	42,490	10,877
Canelle	»	70	280
Feuilles de bétel fraîches	»	2,218,650	614,334
— sèches	»	9,450	6,048
Amandes de nénuphar	»	2,940	2,760
Nattes en feuilles blanches pour cloisons	nombre.	42,700	42,700
Feuilles de palmier préparées p. toiture	»	1,780	71
Pailles à couvrir préparées	»	4,200	336
Bois	»	360	16,200
Bambous	»	2,640	11,880
Rotins	»	9,220	3,319
Écorce de prâhut (pour teindre)	kilog.	27,510	4,476
Écorce de khléai (pour faire du papier)	»	70	70
Bois de sapan (pour teindre)	»	5,740	1,469
Graines de sleng (pour médicaments)	»	4,620	637
Sucre de palmier en paquets	nombre.	56,998	51,298
— en pots	»	5,765	5,188
Torches	»	4,390	398
Boîtes en paille	»	636	222
Charbon de bois	kilog.	1,470	24
Bois pour tamtam	nombre.	120	300
Résine et mastic	kilog.	79,900	13,243
Huile de bois (en jarres)	nombre.	2,820	5,640

PRODUCTIONS DIVERSES.	Nature des unités.	QUANTITÉS.	Valeur en fr. sur la place de Phnôm Pênh
Ivoire	kilog.	350	1,130
Cornes molles de cerf	»	140	4,662
Bois de cerf (pros)	»	210	537
Cornes de buffles	»	9,980	5,968
Cornes de rhinocéros	»	127	7,894
Cornes de bison (khting)	nombre.	8	22
Peaux de martin-pêcheur (châchât)	»	613	306
Peaux et plumes de héron	»	314	62
Peaux de cerf (pros)	»	151	302
Peaux de bœuf	kilog.	12,500	13,875
Peaux de bison	»	2,520	1,506
Peaux de buffle	»	24,320	14,543
Peaux d'éléphant	»	980	250
Peaux de rhinocéros	»	560	430
Peaux de tigre	nombre.	110	990
Peaux de pangolin	kilog.	280	908
Peaux de chevreuil (*kedan*)	»	133	133
Peaux de chevreuil (*Romeang*)	nombre.	139	278
Peaux de petit chevreuil (*chhlus*)	kilog.	37	13
Nerfs de chevreuil	nombre.	270	607
Peaux de serpent boa	»	38	102
Peaux de serpents (diverses espèces)	»	15	15
Plumes de pélican	»	1,400	4,422
Queues de paon	kilog.	186	837
Plumes de marabout	nombre.	280	429
Os d'éléphant	kilog.	6,850	3,514
Os de tigre	»	910	3,640
Carapaces de tortue (de terre)	»	350	129
Carapaces de tortue (d'eau)	»	352	64
Caïmans	nombre.	495	4,455
Graisse de buffle	kilog.	210	174
Viande salée	»	210	53
Poisson salé (*réech*)	»	566,230	276,886
Poison salé (*chhdo*)	»	1,358,000	347,648
Poisson salé (*râs*)	»	121,290	25,834
Poisson salé (*pra*)	»	5,581,780	1,428,935
Poisson salé (*tipou*)	»	48,020	8,979
Poisson salé (*kântho*)	»	21,420	5,483
Poisson salé (*mân*)	»	14,000	3,010
Poisson pilé et salé (*prâhok*)	»	7,000	1,792
Poisson vivant	nombre.	1,550,800	542,780
Nageoires de poisson (*thkâ*)	kilog.	700	1,314
Vesssies de poisson	»	4,970	2,663

PRODUCTIONS DIVERSES.	Nature des unités.	QUANTITÉS.	Valeur en fr. sur la place de Phnôm Pênh
Huile de poisson	»	14,000	6,020
Fer de Kampong Svai	»	5,980	3,059
Avirons (bruts)	nombre.	1,690	2,271
Bordages pour grandes barques	»	1,860	154,845
Colonnes de maisons	»	500	7,000
Étraves de barques	»	50	900
Bateaux, pirogues	»	37	666
Courbes de barques	»	542	2,710
Traverses ou bancs de barques	»	50	250
Pièces de bois diverses	»	570	114,000
Anssûres en rotins tordus	»	4	22
Feuilles de chaume préparées p. toiture	»	30,000	2,700
Huile de bois (en petites jarres)	nombre.	6,000	6,000
Résine	kilog.	64,200	10,849

La valeur totale de ces divers produits s'élève au chiffre de 6,963,382 francs donnant à la douane un revenu de 696,338 francs 20 centimes.

Ce tableau passe sous silence divers produits, objets d'un commerce d'exportation assez important, tels que le fruit du tamarinier, le fumier de ver à soie, employé en Cochinchine (en particulier à Hoc Môn) pour fumer les plants de bétel, plusieurs racines cultivées et exportées en Chine, les poteries de Kâmpong Chhnâng, les nattes tissées par les indigènes, les matelas, etc., etc. Il n'y est pas question des chevaux que le Cambodge fournit en assez grand nombre à la Cochinchine française, ni surtout de la quantité considérable de bœufs que nous consommons depuis les premiers jours de la conquête de notre colonie — plus de mille par mois. — Ce bétail provient presqu'entièrement du Cambodge où, malgré l'abondance des pâturages, la production est loin d'égaler la consommation, faute d'un système intelligent d'élevage. Il y a là une question d'une importance capitale pour la Cochinchine française; qui forcément s'imposera bientôt au gouvernement de la colonie. Sur la demande du gouverneur, le roi du Cambodge a interdit, il y a quelques années, l'exportation des vaches; cette mesure n'est qu'un palliatif insuffisant; le prix des bœufs de boucherie enchérit chaque jour; en 1874 il était au chiffre relativement élevé de 70 francs environ la tête de bétail, ayant à peu près décuplé en dix ans, tandis que par suite de la mesure précitée, les vaches se vendaient de 12 à 15 francs (1). Une belle et lucrative industrie à laquelle l'administration ne pourrait que s'intéresser vivement, serait donc à créer au Cambodge, sous le rapport de l'élevage en grand des bestiaux. Elle conviendrait parfaitement à des Européens encore jeunes, intelligents, disposant de quelques capitaux, n'ayant pas d'appréhension pour une vie large, un peu aventureuse, dans un pays très-giboyeux, où peu de fauves redoutables sont à craindre pour le bétail, où il serait facile d'obtenir de vastes concessions de terrain, où, grâce à la douceur, à l'apathie des indigènes, les attentats contre les blancs ne peuvent guère être provoqués que par l'injuste avidité, la brutalité de ceux qui se croient tout permis vis-à-vis d'une race inférieure. Les régions les plus propres à l'élevage du bétail sont les plateaux qui bordent la limite de l'inondation, à l'est vers Tayninh, au nord dans Kampong Svai, et surtout au sud de Phnôm Penh, de Bati, aux environs des montagnes de Kâmpot.

Signalons en passant deux autres industries importantes susceptibles d'améliorations et de profits considérables : la fonte de l'excellent minerai de fer de Kâmpong Svai, dont l'extraction est si facile, et la pêche du grand Lac qui ne produit qu'une quantité insignifiante d'huile ou de colle de poisson en comparaison de ce qu'elle pourrait donner.

Les produits agricoles ou industriels qui, peu ou pas exportés, sont l'objet d'un commerce presque exclusivement local, sont les suivants :

Le vermicelle fait avec de la farine de riz ; les légumes, les fruits ; le fer de Kâmpong Svai, les outils fabriqués avec ce fer ; les briques, les carreaux ; les boîtes en paille ; les paillottes blanches pour cloisons; les étoffes cambodgiennes ; les bambous, les rotins ; la canne à sucre ; le sucre de palme, les torches, le charbon de bois ; enfin le riz dont la production équivaut à peu près à la consommation ; on en exporte quelque peu dans les bonnes années, par contre, il faut en importer lorsque la récolte est médiocre.

1. Les bœufs dits *coureurs* se vendent 200 fr., 300 fr., et même davantage, la tête.

L'importation est considérable. Le Bengale inonde de son opium le Cambodge. La France envoie sa carosserie, son cognac ordinaire ; l'Angleterre son horlogerie ; et ces deux puissances apportent les armes, la poudre, les articles de chasse, le fer forgé, les parapluies, les parasols, les bougies, les cotonnades, la quincaillerie, la mercerie, du soufre. La Cochinchine française fournit le sel, la chaux pour l'usage du bétel, le bétel torréfié, ses noix d'arêc fraîches, les noix d'arêc séchées au feu, ses cocos, de l'huile de coco, des mangoustans, de l'ortie de Chine, des sacs, des nattes, des chaussures pour indigènes, des liens pour avirons et pour ligatures, et des paillottes blanches appelées en annamite *la cham*. L'empire d'Annam ou Cochinchine indépendante, importe du sucre, du condiment de poisson que les Annamites appellent *nuoc mam*, des nattes à voile, des cordes de filaments de cocos, de l'huile d'arachide, des arachides provenant spécialement des deux provinces de Binh Dinh et Binh Thuân. La Chine envoie du salpêtre, de l'alun, ses fruits, sa canelle, de l'huile d'arachide, des chaussures pour indigènes, et tous les articles chinois que vendent les marchands du grand centre commercial de Cholen. Singapour expédie ses bois débités, sa chaux pour construction, son arêc, du gambier. Enfin les Indiens appelés *Malabares* apportent au Cambodge les articles dont ils font le commerce sur tout le littoral de la presqu'île Indo-Chinoise soumis à l'influence européenne.

Le développement du commerce au Cambodge est entravé par un système inintelligent et vexatoire de douanes pesant sur les produits indigènes. En outre, les travaux de viabilité, complétement abandonnés, sont actuellement le moindre souci du gouvernement cambodgien. Le prédécesseur du roi actuel faisait entretenir soigneusement les deux routes qui d'Oudong et de Phnôm Pênh se dirigent sur Kâmpot, le port du Cambodge alors que la Cochinchine était fermée ; mais aujourd'hui les chaussées sont dégradées, les ponts sont en ruines et complétement impraticables, et ces routes sont à peu près dans le même état que les autres chemins du royaume, c'est-à-dire ne présentent que des ornières tracées de village à village par les roues des charrettes à bœufs ou à buffles, traversant à gué les fondrières, les marécages, les petits cours d'eau. L'apathie des indigènes est telle que, lorsqu'un obstacle se produit inopinément, la chute d'un arbre par exemple, en travers d'une route suivie, ils préfèrent contourner l'obstacle en passant au milieu des broussailles et bientôt une nouvelle route est formée, la végétation recouvre l'ancienne, et le voyageur amoureux de la ligne droite, se demande quelle a pu être la cause de ces brusques et courts contours. Une route dans un état relativement passable est celle de Phnôm Pênh à Battambang par Poursat; son tracé est à peu près continu, elle traverse des terrains sablonneux peu inondés, et elle n'est guère interrompue par des cours d'eau importants. Dans Kâmpong Svai, plusieurs routes suivent les anciennes et belles chaussées élevées lors de la grande époque. Mais, en général, les routes du Cambodge ne méritent guère d'être mentionnées.

Heureusement pour l'avenir commercial de ce pays, que la nature lui a été prodigue en le dotant de ses quatre grandes artères fluviales et des nombreux rameaux par lesquels elles communiquent avec la plus grande partie du royaume. Trois surtout de ces fleuves : le Mékong jusqu'à Phnôm Pênh, le Bras du Lac et le fleuve postérieur servent au commerce intérieur des divers points du royaume avec Phnôm Pênh; le quatrième, le fleuve antérieur, est la principale voie employée par le commerce extérieur, surtout depuis l'établissement des Messageries Maritimes de Cochinchine, à la fin de 1872. Cette Compagnie, subventionnée pour neuf ans, relie Phnôm Pênh à Saïgon par un service hebdomadaire d'aller et retour. En outre elle a intérêt à envoyer régulièrement un deuxième steamer au Cambodge chaque semaine, pendant les cinq premiers mois de l'année, époque de la principale exportation des produits du pays, surtout du coton et du poisson.

Le développement du commerce du Cambodge a reçu une impulsion moins importante, mais non moins favorable, quoique les effets soient plus lents à se produire, par l'établissement, il y a quelques années, de deux bureaux télégraphiques desservis par le service de la Cochinchine, l'un à Phnôm Pênh, l'autre à Kâmpot. Une ligne descend directement de Phnôm Pênh, en suivant la rive droite du fleuve postérieur, à Chaudoc où elle se relie au réseau cochinchinois; l'autre longe la route de Phnôm Pênh à Kâmpot et de là se dirige sur Hatien en suivant la côte du golfe de Siam à quelques kilomètres à l'intérieur. Une troisième, reliant directement Phnôm Pênh à à Saigon par Tay Ninh doit être incessamment construite. L'intelligente activité de la direction et le dévouement exemplaire du personnel du service télégraphique de Cochinchine, garantissent la rapide exécution de cette ligne (1). On peut entrevoir l'avenir prochain où Saigon communiquera avec Bangkok par Phnôm Pênh et Battambang.

(1) En effet, elle a été promptement achevée depuis que ces pages sont écrites.

APPENDICE

STATISTIQUE OFFICIELLE DE L'IMPOT POUR 1874.

Pour compléter ce que nous avons dit sur l'impôt au Cambodge dans notre Notice sur ce pays, nous ajouterons ici la statistique suivante :

Le total des revenus du royaume s'est élevé dans l'année 1874, à 3,000,337 francs.

La part du roi est de	2,769,071	»»
Celle du deuxième roi	31,150	»»
Celle de la reine-mère	49,789	450
Celle des mandarins de la couronne	100,059	»»
Celle des gouverneurs de province	16,657	675
Celle des juges (amendes, etc.)	33,600	»»
Total	3,000,337	125

Ces revenus proviennent de :

La ferme d'opium en boules	310,000
Différentes fermes d'opium bouilli, des jeux, etc	413,000
La ferme de l'eau-de-vie de riz et du sucre à Phnôm Pênh	90,000
Id. Id. à Kâmpot	20,000
Id. Id. dans les provinces	25,400
Les douanes	686,920
La ferme de la loterie à Phnôm Pênh	76,900
Id. dans les provinces	27,000

La location des marchés à Phnôm Pênh	14,000
Id. des maisons du roi à Phnôm Pênh	133,200
L'impôt sur la pâtisserie à Phnôm Pênh	6,000
La cote personnelle des Chinois et des Annamites	124,800
Le rachat des corvées de l'année	425,574
Le cardamome des montagnes de Poursat	51,000
Le fer, redevance des Kouys de Kâmpong Svai	4,536
Le cardamome sauvage	11,900
L'impôt sur la cire	488
Id. sur la gomme-gutte	7,109
Id. sur la gomme-laque	3,000
Id. sur les marmites de Kâmpong Chhnâng	9,712

Le complément de la somme indiquée ci-dessus comme représentant le revenu total du royaume provient de la location des terrains cultivables, pêcheries, coupes de bois, etc., etc.

FIN.

TABLE

Imprimerie Eugène Heutte, à Saint-Germain.

CARTE DU ROYAUME DU CAMBODGE PAR E. AYMONIER.

Ernest Leroux, Éditeur, rue Bonaparte, 28.

Gravé par Erhard, 12 r Duguay-Trouin, Paris.

Imp. Monrocq, 3 r. Suger

(R.)	Ruines.	P. Peam	Confluent.
K. Khêt	Province, District.	P. Prèk	Rivière.
P. Phnom	Colline, Montagne.	Stung	Torrent, Rapide Rivière.
Tonlé	Fleuve, Lac.	Kampong	Rive habitée, Quai, Marché.

Nota — *Les fleuves et les côtes d'après les cartes hydrographiques de Mr Manen. Les montagnes entre le Grand Lac et la Mer en partie d'après la carte de Mr Pierre.*

SIGNES CONVENTIONNELS.

- Ligne Télégraphique.
- Frontières déterminées.
- Frontières indéterminées.
- Routes.

Echelle de $\frac{1}{1.890.000}$

0 5 10 15 20 25 50 75 100 Kil.

www.ingramcontent.com/pod-product-compliance
Ingram Content Group UK Ltd.
Pitfield, Milton Keynes, MK11 3LW, UK
UKHW020341250726
13967UKWH00005B/2048

9 782013 022514